AF389034

LES DESSINS DU CABINET
PEIRESC AU CABINET DES
ESTAMPES DE LA BIBLIOTHÈQUE NATIONALE

A mon cher collègue A. Lemoine
souvenir bien cordial

[signature]

LES DESSINS

DU

CABINET PEIRESC

AU CABINET

DES ESTAMPES

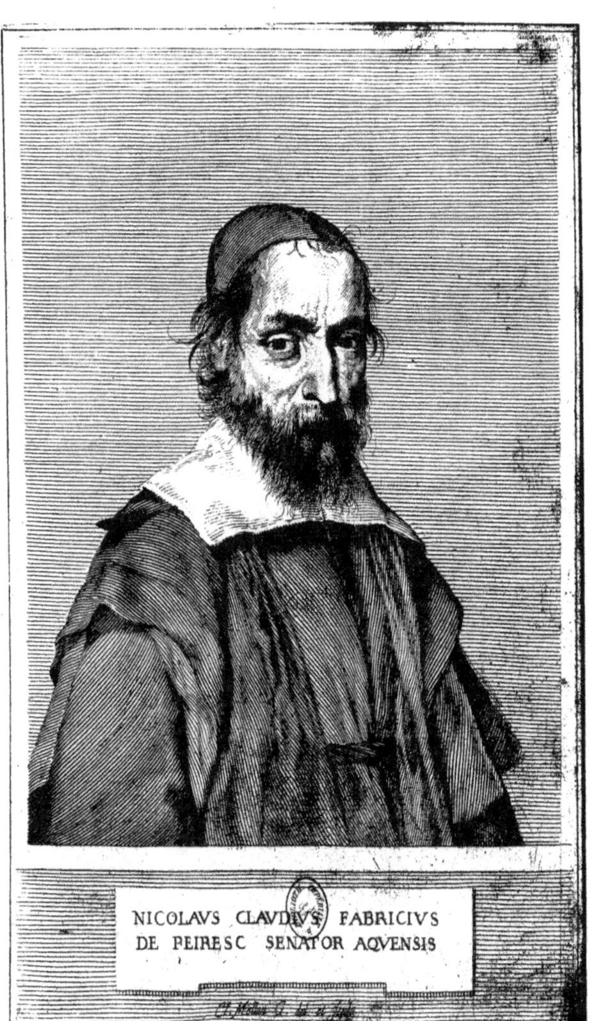

NICOLAVS CLAVDIVS FABRICIVS
DE PEIRESC SENATOR AQVENSIS

LES DESSINS

DU

CABINET PEIRESC

AU

CABINET DES ESTAMPES

DE LA

BIBLIOTHÈQUE NATIONALE

PAR

JOSEPH GUIBERT

DU CABINET DES ESTAMPES

ANTIQUITÉ — MOYEN-AGE — RENAISSANCE

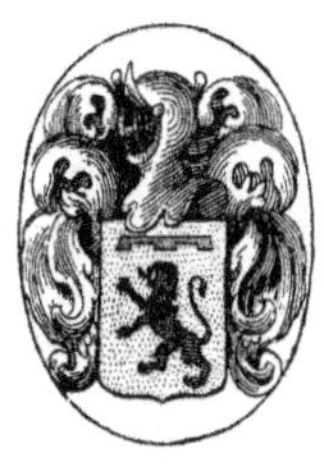

PARIS

HONORÉ CHAMPION, ÉDITEUR

5, QUAI MALAQUAIS, 5

1910

LE CABINET PEIRESC

DESSINS DE LA COLLECTION PEIRESC

AU CABINET DES ESTAMPES

La tradition du Cabinet des Estampes donne le nom de Peiresc à deux recueils de dessins qui semblent avoir appartenu au célèbre antiquaire et qui ont trouvé à la Bibliothèque, après des chances diverses, un asile définitif. Le premier fit partie de la collection de Marolles et vint avec elle à la Bibliothèque du Roi en 1667 (1). Le second appartint à Henri du Bouchet (2), qui le légua aux religieux de Saint-Victor ; c'est celui-là même dont Montfaucon se servit pour les planches de son *Antiquité expliquée* (3). Il entra, en l'an V, au Cabinet des Estampes, où il fut placé près du premier (4).

La communauté d'origine des deux volumes était alors admise depuis un assez long temps. En 1766, Joly, garde des Estampes du Roi, avait eu communication par M. de Lagrenée, bibliothécaire de Saint-Victor, du recueil conservé dans cette maison, et après l'avoir examiné, il avait écrit cette note : « Il seroit à désirer que MM. de Saint-Victor « fissent présent au Roi de leur volume qui faisoit, selon toute apparence, le tome second « du recueil que possède le Roy (5). » Il avait, du reste, profité de ce prêt gracieux pour rédiger un catalogue détaillé des deux volumes, et ce travail nous permet de constater maintenant que si, depuis la réunion des deux albums sur les mêmes rayons, l'ordre des dessins a été modifié dans le premier album, aucune pièce cependant n'est passée de l'un dans l'autre ; l'étude de chaque volume peut donc être menée isolément. Je m'occuperai surtout du premier, qui présente un grand intérêt pour l'histoire de l'art.

Nos deux recueils furent reliés de façon uniforme au temps du premier Empire, et devinrent les tomes I et II d'un ensemble qui reçut le nom de *Cabinet Peiresc*. Le premier contient maintenant (en comptant l'encadrement disposé autour du portrait gravé de Peiresc) 160 feuilles dessinées, collées sur 104 feuillets de montage ; les feuilles dont le verso porte un dessin ont été montées à jour. Le tome II comprend 162 feuilles dessinées, montées du folio 8 au folio 111. A la fin de ce volume (fol. 112 à 115), sont les deux catalogues dressés par Joly en 1766; en tête, un état des « Raretez trouvées dans le « cabinet de feu Monsieur de Peiresc par-dessus les médailles, graveures et pierres précieuses » (fol. 2 à 7).

Quelques-uns des objets qui se trouvent dessinés dans ce deuxième volume ont appartenu à Peiresc. Même, sous un certain nombre de dessins, on lit des inscriptions et des notes de sa main. Il semble donc que, sur l'origine de ce recueil, nous ayons une certitude. Mais pour le premier, peut-on affirmer avec autant d'assurance? Faut-il admettre l'ancienne tradition ?

Caylus l'acceptait sans la discuter : « Dans le Cabinet des Estampes du Roi, dit-il, on « conserve un manuscrit où ce savant homme avait fait représenter et souvent avec les « couleurs de l'objet, plusieurs beaux vases antiques... Nous devons regretter les expli- « cations dont M. de Peiresc avait sans doute accompagné ce recueil de dessins. » (*Recueil d'antiquités*, I, p. 103.) Les indications qu'il serait possible de tirer des archives du Cabinet des Estampes sont insuffisantes, car aucun catalogue antérieur à celui de Joly ne parle de Peiresc. Le portrait même du savant, collé en tête de l'album, y fut placé à une époque tardive, sans doute sous l'influence de la tradition. Des preuves plus solides peuvent être tirées de la ressemblance de certains dessins avec ceux du tome II, dont l'origine n'est pas douteuse et surtout, comme on le verra, de la correspondance de Peiresc, dans laquelle plusieurs de ces dessins sont clairement désignés. Ces lettres d'une part, et d'autre part un passage de la vie de Peiresc par son ami Gassendi, nous ont permis de déterminer à quel moment de sa vie et en vue de quel projet ces documents furent réunis. Nous y reviendrons bientôt.

Notre tome I, nous l'avons dit, fut cédé au roi par l'abbé de *Marolles* en 1667, avec le reste de sa collection. Ce fut le tome CCLV du Cabinet des Estampes, inventorié sommairement en 1684, de la façon suivante : « Un grand livre de vases dessinez à la « main... 158 [pièces]. » Un inventaire détaillé du cabinet de Marolles (6) fut dressé avant 1735, puisqu'il figure dans le *Bref État* rédigé cette année-là; nous y lisons un total de 164 pièces pour le volume qui nous occupe. Le *Bref État* (7) donne un nombre différent des deux précédents : « Plus un volume relié en veau, n° 255, contenant des « dessins de vases au nombre de cent cinquante-quatre morceaux dessinés, la plus grande « partie d'après l'antique, quoy qu'il y en ait cent cinquante-huit d'énoncés sur l'ancien « estat, collés sur cent onze pages... 154. » Je ne pense pas qu'il faille s'inquiéter beaucoup de la diversité de ces nombres, car la disposition des dessins est telle, les uns occupant seulement le recto du papier, les autres utilisant aussi le verso, les uns prenant toute une page pour un seul dessin, les autres se pressant à plusieurs sur la même, qu'il y a plusieurs manières possibles de compter.

Il est un moyen de suivre les variations du recueil, c'est de comparer l'inventaire détaillé qui fut dressé avant 1735, avec celui que rédigea Joly en 1766. Je conclus de cet examen que trois pièces furent insérées dans l'album entre ces deux époques : elles occupaient autrefois les pages 218, 221, 225, on les trouve maintenant aux folios 32 r°, 33 r°, 62 r°. Toutes les autres appartinrent-elles à Peiresc ? Il serait téméraire de l'affirmer. Peut-être quelques-unes furent-elles ajoutées depuis l'entrée de l'album à la Bibliothèque ou même auparavant par l'abbé de Marolles qui le possédait. Mais, comme nous l'avons dit, les lettres de Peiresc nous permettent d'établir l'origine d'un bon nombre de dessins de ce volume.

Chacun connaît la belle édition des lettres de Peiresc entreprise par M. Tamizey de Larroque (8). Si la correspondance des rois et des princes présente un intérêt puissant aux yeux des historiens politiques, celle-ci n'a pas moins d'attrait pour les amis des lettres et des arts, et la récompense vient bien vite à celui qui ose en affronter l'abord un peu sévère. Tout un monde vit dans ces lourds volumes, monde mêlé de savants, de magistrats, de grands seigneurs, si différents par l'allure et le caractère, unis seulement par un même goût pour les études sérieuses et par une égale courtoisie. Membres d'une académie idéale où tous les pays étaient représentés, ils entretenaient une correspondance active pleine de nouvelles de tous genres, politiques, militaires, scientifiques principalement, demandant des renseignements ou des documents, répondant à des demandes, donnant leur avis sur des questions posées. La maison de Peiresc à Aix en Provence était le centre d'un immense réseau de courriers. La science du maître, son obligeance étaient si connues ! Après avoir rempli ses devoirs professionnels au Parlement, il écrivait. Ses lettres, longues et pleines, étaient le fruit de recherches et de méditations infinies, si bien qu'on a peine à croire qu'un homme ait pu suffire à tant de travaux (9). Né le 1er décembre 1580, il avait quinze ans quand ses goûts de chercheur commencèrent à se révéler. Une médaille d'or antique, récemment découverte et aussitôt déchiffrée par lui, tel fut le début d'une brillante carrière de savant. A dater de ce temps, dit Gassendi, son esprit brûla de curiosité comme le feu dans la forêt (10).

Cependant sa famille, qui le destinait à prendre le siège familial de conseiller au Parlement d'Aix, le rappela de Tournon, où il finissait ses classes au collège des jésuites. Il était temps, pensait son père, d'étudier le droit. Mais le jeune homme n'entendait pas renoncer pour toujours à des études à peine entrevues et cependant déjà chères, beau fruit séduisant qu'il avait approché de ses lèvres et dont il entendait goûter la pleine saveur. Il fit deux parts de son temps, l'une pour le droit, l'autre pour l'antiquité, et ces deux passions suffirent à remplir sa vie. A vingt-trois ans, il leur avait si bien donné son cœur qu'il décida de ne se point marier pour ne pas leur susciter de rivale : Pallas et les Muses, disait-il, avaient reçu sa foi, il ne pouvait sans parjure penser à d'autres noces (11).

C'est sans doute au cours de son séjour en Italie que s'étaient conclues ces fiançailles spirituelles. Il avait ardemment désiré ce voyage, mais il dépendait de sa famille et c'est par la ruse qu'il obtint la permission de se mettre en route. Il sut flatter le désir des siens et leur persuada de l'envoyer, pour finir ses études, à la célèbre école de droit de Padoue. Il pensait pouvoir de là gagner Rome. Son frère eut l'autorisation d'aller avec lui. On prépara donc tout pour le départ, et d'abord on se mit en quête d'un gouverneur pour les accompagner, plus par honneur que par nécessité, dit Gassendi. Ils allèrent s'embarquer à Cannes (12) et abordèrent à Gênes, visitèrent la ville et ses palais, puis décidèrent de continuer par voie de terre. A la fois prudents et naïfs, il ne souhaitaient pas la compagnie des autres voyageurs, et si quelqu'un paraissait les rechercher, ils s'excusaient poliment et restaient libres; mais leur jeune sagesse manquait d'expérience et peu s'en fallut qu'ils n'en souffrissent grandement. Pour visiter les carrières de Massa, ils s'étaient mis entre les mains d'un guide qui avait pour métier celui de voleur de grand chemin. Ils s'en tirèrent heureusement sans dommage, et après avoir vu Lucques, Pise, Livourne, Florence, Bologne, Ferrare et Venise, ils arrivèrent à Padoue pour un long séjour. Au mois de septembre de l'année 1600, ils allèrent à Rome, voyageant lentement, regardant tout, si bien que vingt et un jours leur furent nécessaires pour atteindre Florence. Déjà notre jeune étudiant parvenait à la renommée; il étonnait par sa science et séduisait par son aménité. Gasssendi rappelle à ce propos le mot de Sénèque au sujet des voyageurs qui ont un grand nombre d'hôtes et peu d'amis. Tous ceux qui avaient vu Peiresc gardaient de son passage un durable souvenir.

A la fin d'octobre, il était à Rome, but secret de son voyage. Après les premières visites aux savants romains, il parcourut la ville à la recherche des débris antiques, visitant les galeries publiques et privées, le Capitole, le Vatican, les jardins célèbres parsemés de statues, menant avec lui des peintres chargés de dessiner même les fragments et les ruines. Il voulait tout voir, car tout l'intéressait, le moderne aussi bien que l'ancien. Il assistait, autant que possible, aux solennités religieuses, et quand sa santé ne lui permettait pas de se mêler aux foules bruyantes, son jeune frère observait pour deux et lui faisait un récit. Lors de la cérémonie pascale de la *Cena Domini*, repas servi par le Pape aux indigents, les deux frères, pour mieux voir, achetèrent à deux de ces loqueteux leurs places, et revêtirent leurs pauvres vêtements.

Ils virent ensuite Naples et le sud, puis revinrent au nord, visitèrent encore un bon nombre de villes, passèrent les Alpes, parcoururent la Suisse et redescendirent la vallée du Rhône qui les ramena dans leur pays. Mais Peiresc ne voulait pas se rendre directement à Aix; il avait peur d'être obligé à prendre aussitôt le grade de docteur et ne pensait pas avoir assez étudié pour subir cette épreuve avec quelque gloire. D'autre part,

ses parents craignaient qu'il n'eût employé presque tout son voyage à des recherches
d'érudition. Il dut les rassurer : jamais une heure n'avait été soustraite aux études juridiques; le temps consacré à l'antiquité était celui que d'autres jeunes gens donnaient aux
plaisirs de leur âge, *ludicris rebus, aut compotationibus, aut Veneris illecebris*, écrit
Gassendi. Il revint à Aix le 1er novembre 1602, à la grande joie de ses amis. Comme il
faisait tout avec passion, il se mit avec ardeur à l'étude du droit, à laquelle il consacra
dix heures par jour, prenant aussi quelques heures, le plus souvent avant le sommeil, pour
les études qui lui étaient chères, comme un joyeux délassement après une forte journée
de travail. Aussi les lettres furent-elles, à ce moment, plus rares ; il passa même quatre
mois entiers sans écrire, si bien que le bruit de sa mort se répandit à Rome et à
Padoue.

Quelques années plus tard, il fit encore une longue absence. Ce fut vers le nord
qu'il se tourna : Paris, puis l'Angleterre, la Hollande, le Brabant, la Flandre lui
offrirent maint sujet d'étude et des amitiés précieuses. Il rentra en octobre 1606, ayant
terminé cette espèce de tour d'Europe commencé en Italie six années auparavant. Peu
après son retour, il fut reçu conseiller au Parlement à la place de son oncle, que la
maladie obligeait à se retirer. Désormais, les devoirs de sa charge allaient le retenir
au logis. Les longs voyages furent remplacés par une active correspondance qui dura
autant que sa vie.

Nous nous sommes attardés aux débuts de notre savant, car c'est alors qu'il
se procura tant d'amis, et sa correspondance avec eux fonda sa réputation. Il ne publia
presque rien. « La trop vaste érudition de M. de Peiresc faisoit qu'il ne finissoit
« aucun ouvrage et qu'il n'étoit jamais content de ce qu'il avoit écrit sur les matières
« qui se présentoient; aussi n'a-t-il jamais rien fait imprimer : mais l'estime que les
« savants faisoient de tout ce qu'il écrivoit, en multiplioit les copies (13). » Ses lettres
étaient des dissertations d'un ton familier. L'ingéniosité de son esprit s'y révélait;
sa science s'y développait en longues pages. C'est là qu'il faut chercher son œuvre
scientifique. Toujours écrivant, il eut vraiment droit à ce titre de procureur général
de la littérature que lui donna Bayle ; il mérita bien de cette académie idéale dont il
s'était établi le secrétaire perpétuel. Mais il ne pouvait s'empêcher de montrer parfois
un peu de fatigue.

Renaudot, qui venait de fonder *la Gazette de France*, eût été heureux de publier des
lettres de Provence signées de ce nom fameux. Peiresc en faisait part à Dupuy le
18 avril 1633 : « Je seroys bien empesché de respondre à une si bonne opinion que celle
« qu'il a conçeüe de moy et de mes correspondances, qui ne vont pour la plus part qu'en
« nouvelles de livres ou curiositez d'anticailles, qui ne sont pas de celles qu'il fault à *la*

« *Gazette*, nostre païs ne fournissant guières de matière digne d'y tenir en leur rang. Et
« je n'abhorre rien tant que de passer pour un donneur d'advis, car j'aymerois bien mieux
« n'en recevoir jamais et m'en passer tout à faict, comme j'ay faict durant mon sesjour
« de campagne assez longuement. Je vouldroys mesme esviter (et me rançonnerois
« volontiers pour cela) de passer pour un homme trop curieux de sçavoir des nouvelles du
« monde, s'il estoit possible, car l'importunité y est aulcunes foys bien grande de la part
« de ceux qui en viennent demander, et qui s'imaginent qu'on soit non seulement obligé de
« leur en dire quand on en a, mais d'en avoir quand on n'en a poinct, au moings de celle
« qu'ils cherchent. Il faudra faire ce que nous pourrons pour nous acquitter de nostre
« debvoir. »

Le joli portrait gravé par Mellan en 1637 nous apprend ce que tant d'années d'étude
firent de notre savant; les souvenirs de Gassendi suppléent à ce qui peut y manquer. Il
était de taille moyenne, d'aspect frêle ; sa santé n'était pas robuste et à moins de soixante
ans, une canne lui fut nécessaire. Ses tempes et ses mains laissaient voir des veines
saillantes. L'étonnement et l'attention faisaient paraître de profondes rides sur son vaste
front. Le nez légèrement courbé, les joues un peu colorées, les cheveux blonds ainsi que
la barbe qu'il portait longue. Il regardait le sol en parlant, ou les yeux de ses auditeurs
quand il sentait que ses paroles plaisaient. Aucun peintre, dit Gassendi, ne sut rendre
exactement sa physionomie pleine d'aménité (14). Il ne tenait pas au luxe, mais seulement
à une grande propreté; le lit très simple; les murs de sa chambre couverts de portraits
d'hommes illustres et de ses meilleurs amis ; d'innombrables documents empilés çà et là,
sa table de travail toujours couverte de papiers. Austère et simple, il s'était fait une
demeure selon ses goûts.

Celui qui frappait à cette porte n'était jamais rebuté. Pour obliger, il se dépensait sans
mesure ; mais en retour, il n'hésitait pas à prendre le temps des autres, étant toujours
généreux du sien. Sa bonne grâce n'éprouvait guère de refus. Aussi n'avait-il pas assez
d'étonnement quand il se heurtait à la méfiance ou au mauvais vouloir. Curieux et savant
plutôt que collectionneur, il ne comprenait pas qu'à tel marchand son désintéressement ne
semblait pas naturel, qu'à tel autre son discernement faisait peur. Puis il arrivait que le
grand désir de voir un objet convoité aveuglât son esprit de justice et qu'il ne tînt pas
assez compte de la légitime répugnance d'un amateur à livrer ses trésors aux périls des
grands chemins. A tout instant, ses lettres parlent d'accidents de route. Un jour, c'est un
canthare qui « s'est tout fraquassé parce que la boitte n'estoit pas assez haulte pour le
« contenir à son aise (15). » Un autre jour : « Dans la boitte de M. Vivot, ces plats de terre
« blanche ont esté tous fraquassez et la boitte estoit toute en pièces (16). » Ailleurs, à
propos d'une cuiller de pierre : « Il y est arrivé un peu d'inconvénient, écrit-il, car le

« manche s'est rompu par les chemins et s'est séparé du corps de la concavité de la cuiller,
« mais M. Suchet l'a fort bien et proprement rappiécé, en sorte qu'il n'y paroist
« presque point. Je pensois vous avoir adverty qu'il ne fallait point envoyer par la poste
« des boittes sans en joindre deux l'une dans l'autre. Encore faut-il les mettre en sorte
« que le couvercle de l'une responde au fondz de l'autre, autrement il est impossible
« qu'elles ne se fracassent par les chemins, et pour le moins qu'elles ne se crèvent par le
« fondz, n'en estant point arrivé d'entières des vostres, que les petites que vous aviez
« renfermées dans d'autres plus grandes, ce qui vous pourra servir d'advis à l'advenir au
« cas que vous ayez d'autres choses à m'envoyer qui puissent périller (17). » Il y avait là
vraiment de quoi faire trembler les prêteurs imprudents.

Que ce fût pour cette raison ou pour une autre, le collectionneur Gault, sollicité par
Guillemin, l'ambassadeur de Peiresc, d'envoyer à Aix certaines pièces de son cabinet,
n'avait pas montré d'empressement, et Peiresc en écrivait avec amertume : « Je sçaurois
« quasi aultant de gré de la simple veüe et amiable communication, que de l'acquisition
« de toutes cez pièces à la première veüe desquelles je prendz quasi tout l'usage principal
« que j'en sçaurois tirer, après quoy je ne serois pas marry d'en laisser la jouissance à
« ceux qui en seroient plus friandz que moy... Enfin, vous pourriez sonder le gué et si
« vous n'y trouvez la disposition qu'il faudroit, nous nous en passerons et nous en conso-
« lerons plus facilement que ne le pourroient croire tous ceux qui pourroient prétendre
« intherest au contraire, nous estantz passez si paisiblement jusques à cette heure, comme
« de beaucoup d'aultres choses plus dignes et plus rares que cela, qu'il ne nous sera pas
« estrange de nous en passer encores aussy longtemps comme pourra durer ceste
« mauvaise disposition des possesseurs, lesquelz auront possible un jour quelque regret
« ou remords de conscience d'avoir laissé perdre ceste occasion de faire plaisir à un amy
« qui ne fait ceste recherche que pour en ayder le public, lequel leur en pourroit sçavoir
« bon gré à eulx pour y avoir contribué quelques pièces, aussy bien qu'à celluy qui y
« auroit mis son labeur (18). »

Il y a des collectionneurs de plus d'une sorte. Les uns sont surtout marchands ;
peut-être Gault était-il du nombre. Tel autre est un pur amateur ; la joie de la possession
lui suffit ; il caresse son trésor de regards amis, l'enveloppe de précautions délicates ;
il ne tient pas à connaître son passé, il aime et sait bien qu'un peu de mystère ne nuit
pas à l'amour. Peiresc n'était pas non plus de ce type. Les débris les plus vénérables lui
paraissaient des objets d'étude, les pièces à conviction d'un passionnant procès débattu
entre archéologues, de muets témoins auxquels il fallait rendre la parole pour que la vraie
doctrine pût être fondée. Caylus a tracé de l'antiquaire un joli portrait qui pourrait être
celui de Peiresc :

« Un antiquaire entretient des correspondances dans les pays où les arts ont autrefois
« établi leur empire. Les soins qu'il prend pour faire des acquisitions, les lettres qu'il est
« obligé d'écrire, ses voyages en différents lieux, ses recherches dans les cabinets des
« curieux et dans les bibliothèques, donnent au cours de sa vie une action que l'esprit et
« la raison peuvent avouer. Dans l'instant où ses trésors arrivent, il ouvre avec une douce
« inquiétude mêlée d'espérance, les caisses qui les renferment ; il se flatte d'y trouver des
« choses rares et inconnues. Le moment de la découverte est pour lui une jouissance vive.
« Il examine ces monuments antiques ; il les compare avec ceux qui sont déjà connus ; il
« en recherche la différence ou la conformité ; il réfléchit, il discute ; il établit des conjec-
« tures que les temps reculés et le silence des auteurs ont rendues nécessaires. Si un de
« ces morceaux présente des idées sur une opération de l'art, négligée, perdue ou refusée
« aux modernes, le plaisir de faire des expériences, celui de les décrire, l'anime, flatte
« son goût. Mais rien n'est comparable à la satisfaction de prévoir une utilité publique.
« Cette idée le pénètre, elle touche son cœur ; et le bonheur de réussir le dédommage
« amplement de tous ses soins et de toutes ses peines (19). »

L'utilité publique ! Pour un si noble but, tout n'était-il pas permis ? Peiresc pouvait-il
hésiter, par exemple, à prier les moines de Saint-Denis de démonter leurs plus précieux
vases, afin qu'il pût en prendre exactement les mesures ? Pouvait-il ne pas s'indigner
qu'une objection fût faite à son désir ? Grâce à l'habileté de son ambassadeur, il vint à
bout de leur répugnance, mais, d'autre part, peut-on vraiment s'étonner de la résistance des
religieux ? Encore ceux-ci ne savaient-ils pas jusqu'où peut aller la prétention d'un savant
qui croit avoir vérifié ses hypothèses. Démonter une pièce ancienne pour la mieux étudier
n'eût rien été, mais l'améliorer, la purifier d'additions jugées récentes, remédier aux muti-
lations souffertes dans la suite des temps, employer à des reconstitutions la connaissance
acquise de l'antiquité, n'était-ce pas la fonction légitime de l'archéologue ? C'était, semble-t-il,
l'avis de Peiresc. Le marquis de Sourdis possédait un petit vase d'agate, monté en orfèvrerie moderne ; quelques parties de la pierre avaient disparu (voir notre pl. XIV). « Si
« la pièce estoit à ma disposition, écrit Peiresc à Guillemin, je la ferois incontinent
« desmonter tout à faict pour la faire remonter à l'antique, selon les proportions et façons
« qu'ils y souloient observer et qui seroient plus propres et plus convenables à la forme de
« ce vase ; voire si M. le marquis de Sourdis faisoit son voyage de Provence et qu'il le vou-
« lusse apporter dans ses coffres et me laisser faire, je le luy ferois remonter comme il
« fault, et trouverois possible le moyen de faire réparer la plaque d'or (qui occupe une
« place dont le morceau est perdu) en sorte que je ferois continuer non seulement les
« pieds des figures mutilées et stropiées, mais le reste des vases et aultres choses que le
« premier graveur y pouvoit avoir représentées... (20). »

Quand une pièce ainsi mutilée devenait la propriété de Peiresc, notre savant n'hésitait pas à montrer sa science en la restaurant. En voici un exemple qui n'est probablement pas unique : M. de Roissy possédait deux petites coupes antiques d'argent. Peiresc les avait vues à Paris chez leur possesseur en 1606 ; elles y étaient encore en 1633. Cette année-là, M. de Roissy se défit de l'une d'elles dont il gratifia notre savant. Elle était abîmée en deux endroits ; même en l'un de ces deux points, le métal était enlevé et, par suite, un des personnages se trouvait privé de sa tête. (V. notre pl. I.) Or, plus tard, la coupe vint en la possession du fameux collectionneur Foucault ; Montfaucon la reproduisit dans son *Antiquité expliquée* (t. 1, 2ᵉ partie, pl. CLXVII) et nous voyons l'objet restauré, la tête manquante replacée. Ne peut-on légitimement inférer que ce travail fût fait pour Peiresc et par son ordre ?

Les vases du trésor de Saint-Denis, celui du marquis de Sourdis, ceux de M. de Roissy sont figurés dans notre recueil et reproduits sur les planches du présent volume. Ils nous ramènent naturellement à notre album de dessins.

Une partie de ces dessins, du moins la plupart de ceux qui appartinrent à Peiresc, ont pour origine les recherches sur les mesures antiques qu'il avait entreprises en 1632. Louis Meynier, moine de Lérins, lui avait apporté cette année-là deux gobelets d'argent récemment trouvés à Vallauris (21) ; un peu plus tard, Claude Menestrier lui présenta un petit vase sauvé du naufrage qui avait englouti une galère pontificale. Sa curiosité fut piquée, son esprit s'enflamma. Les vases de sa collection furent examinés de nouveau. Il en fit chercher d'autres et se prit à disserter par lettres adressées à Saumaise, sur les mesures des anciens (21 *bis*). C'était autrefois l'usage, pensait-il, qu'un vase d'une certaine capacité eût un poids correspondant, et l'examen de la pile de poids antiques apportés par Jérôme Aléandre le confirmait dans son idée. Cette pile se composait d'une série de petits récipients valant en poids la livre, le semissis, le triens, le quadrans, le sextans et l'once, et correspondant, dans le même ordre, aux mesures de capacité nommées, l'acetabulum, le cyathus, le mystrum, la concha, le chemen, le cochlear. Mais pour vérifier plus exactement son hypothèse, d'autres expériences étaient nécessaires. Il résolut d'y faire contribuer le plus grand nombre possible de vases antiques. Il obtint des Vénitiens la permission de faire mesurer les vases byzantins du trésor de Saint-Marc (22) ; il eut aussi de Ravenne une bonne réponse ; à Gênes on mesura pour lui le Sacro Catino, conservé à San Lorenzo. Enfin il profita du séjour que son ami Guillemin allait faire à Paris pour lui demander le même service, le chargeant de lettres d'introduction pour les moines de Saint-Denis dont le trésor était célèbre et pour certains collectionneurs qu'il connaissait. Or, nous avons dans le tome Iᵉʳ de notre recueil, outre quelques mauvais dessins des calices de Saint-Marc, une bonne copie du Sacro Catino, et une série d'aquarelles exécutées d'après les vases appartenant au trésor de Saint-Denis et à d'autres amateurs parisiens. Leur origine peut être établie grâce à la correspondance de Peiresc avec Guillemin.

C'est avec des extraits de ces lettres que nous avons composé les commentaires qui accompagnent nos planches, celles du moins dont les dessins originaux ont appartenu à Peiresc. Quant aux autres planches, c'est-à-dire celles qui reproduisent un dessin de Peter Flœtner, une aiguière de la Renaissance dont l'anse figure le corps de Daphné, un vase aux armes d'Édouard Clinton, comte de Lincoln, et le casque d'Alexandre Farnèse, les notices explicatives n'emprunteront rien à Peiresc. Nous ne savons même pas si ces beaux dessins furent sa propriété. Quant à l'aquarelle publiée sur notre planche IX (l'Écrin de Charlemagne), elle ne fut exécutée qu'en 1794.

On pourra voir ensuite les deux catalogues dressés par Joly en 1766; nous les avons publiés *in extenso* en leur ajoutant des notes. Enfin l'inventaire des « Raretez trouvées dans « le cabinet de feu M. de Peiresc » complétera ce volume.

Nous ne terminerons pas cet avant-propos sans remercier ceux qui ont bien voulu nous aider de leurs renseignements ou de leurs conseils : M. Dalton, du British Museum ; M. le baron Meyendorff, du musée de l'Ermitage, et notre confrère M. Jean-J. Marquet de Vasselot, du musée du Louvre. Qu'ils veuillent bien voir ici l'expression de notre vive gratitude.

NOTICES DES PLANCHES

VASES D'ARGENT DE J.-J. DE MESMES

SEIGNEUR DE ROISSY

Les deux objets reproduits à notre planche I sont des gobelets d'argent dont l'un (n° 1) me paraît être celui-là même que conserve le Cabinet des Antiques de la Bibliothèque Nationale et que décrit Chabouillet au n° 2878 de son catalogue des Camées : « Patère, tasse ou « petite coupe sans pied ni anses, d'argent massif, décorée à l'extérieur d'un bas-relief de « très peu de saillie, ciselé dans la masse... Diamètre 9 cent. 1/2, hauteur 4 cent. Le travail « de cette jolie coupe est fin et élégant; il doit être antérieur à l'Empire romain... Elle « provient du célèbre cabinet Foucault et a été publiée par Montfaucon, *l'Antiquité expli* « *quée*, t. I, 2ᵉ partie, p. 259, pl. CLXVII. » Avant d'appartenir à Foucault elle avait fait partie de la collection Peiresc qui la tenait de la munificence de M. de Roissy. L'autre petite coupe (n° 2) était au dix-huitième siècle, si nous en croyons une phrase de Caylus, dans le Cabinet des Antiquités du Roi. Caylus, en effet, a gravé une partie des sujets décoratifs de cette pièce en guise de vignette à la page 157 du tome I de son *Recueil d'Antiquités*, et il explique à la page XXI du même volume qu' « on voit dans la vignette page 157 une partie des « bas-reliefs qui font l'ornement d'une patère d'argent du cabinet des Antiquités du Roi ».

Ces deux coupes étaient toutes deux en 1606 dans le cabinet de J. J. de Mesmes, seigneur de Roissy : « M. de Roissy (écrit Peiresc) m'a fait voir son cabinet le 9ᵉ mars 1606, « avecque sa bibliothèque. Dans le cabinet nous avons veu un monde de figures et autres « choses rares, tant antiques que modernes, et particulièrement deux petits vases d'argent « antiques faits comme de petites escuelles, tout couverts par le dehors de larves, termes, « satyres, boucs, flustes et autres choses thyméliques en ouvrage de bas-relief et parce qu'ils « sont un peu rompus sur un costé du bord, il semble qu'il y ait eu autrefois un petit manche « (peut-être comme le sympulum), lequel se soit rompu par succession de temps. L'argent « est fort terny et a un peu de vernix noirastre(23). »

Quand Peiresc entreprit ses recherches sur les mesures dont se servaient les anciens

(voir l'introduction) l'étude de ces deux gobelets devait lui être utile; il chargea donc
Guillemin, qui partait pour Paris, d'instructions en vue de négocier avec M. de Roissy :
« Quant à M. de Roissy, écrivait-il le 29 octobre 1632, vous sçavez ce que je désire apprendre
« de ses deux petitz escuellons antiques d'argent, dont je vous ay baillé les instructions
« particulières que je désire que vous suyviez selon la permission et commodité qui vous
« en pourra estre donnée. Mais s'il y avoit moyen de les faire mouller, vous abbrègeriez bien
« la besongne, et me donneriez bien plus d'advantage, car je pourrois faire icy l'essai et
« l'examen que je vous ay prié de faire de par de là, mais beaucoup plus commodément,
« parce que je pourrois comparer la contenance du modelle que vous aurez faict faire, avec
« celle de mes vases et mesures antiques originelles, et avec d'aultres vases et mesures
« antiques que m'apporte de Rome M. d'Arenc de la part non seulement du cavalier del
« Pozzo et aultres de mes amis, mais encore du cardinal Barberin qui a voulu qu'on m'en-
« voyast tous les plus curieux vases anciens qu'il eusse, entre lesquelz il y en a mesmes de
« agathe orientale et aultres pierres précieuses, afin que j'eusse moyen d'en examiner moi-
« mesme plus exactement le mezurage que j'en veux apprendre. Il est vray qne je me
« rendray fort soigneux d'empescher qu'ils ne soient rompuz, maltraittez ne endommagez en
« façon quelconque, et qu'ils luy soient rapportez par personnes fidelles, aussy tost que
« j'en auray examiné la contenance et deschiffré les figures et enrichissementz qui y sont
« dessus, laissant à vostre disposition d'en toucher un mot à M. de Roissy selon que vous
« pourriez trouver à propos ou non, car je ne voudrois pas qu'il creust que j'eusse affecté
« de me vanter de ceste faveur que m'a voulu faire ce prince [le cardinal Barberin], aussy
« bien que d'aultres amys particuliers pour l'induire luy à me prester et envoyer de si loing
« deux pièces que je tiens aussy rares comme luy les tient chères, si ce n'est que vous le
« recogneussiez porté de sa bonne volonté en mon endroict, et si bien disposé à me prester
« les originaulx qu'il ne fusse pas pour prendre en mauvaise part, ni pour l'interpréter
« sinistrement et à prendre pour impudence la liberté et la hardiesse de luy demander la
« communication de ses belles curiositéz (24). »

Cette lettre est tout à fait caractéristique de la manière de Peiresc, son ardent désir de
tenir en mains ces petites coupes n'oublie aucun argument propre à toucher l'adversaire
mais s'enveloppe de précautions; il ne présente pas sa demande, il la laisse deviner.
L'essentiel toutefois est d'obtenir la permission de faire un moulage :

« Que s'il vous permet de les faire mouller, vous pourriez y employer un moulleur qui a
« fort souvent travaillé pour moy nommé maistre Sergent... il les vous moullera tous deux
« avec son sable dans une matinée, si vous le rencontrez en bonne humeur, principallement
« si vous ne les faites jetter qu'en plomb. Mais s'il avoit le loisir de les jetter en cuivre, j'en
« estimerois beaucoup plus les empreintes pourveu qu'il aye le soing surtout de mouller

« bien nettement le creux du dedans de chascun desdictz escuellons, afin de conserver la
« vraye mesure de leur contenance, de laquelle je suis plus jaloux que de la netteté des
« figures ou mascarons de relief qui y sont ciselez par le dehors... (25) »

Peiresc avait un ambassadeur habile et un adversaire généreux. La négociation
réussit au delà de ses désirs : « Vous avez barres sur moy ce coup-cy, écrit-il à Guillemin
« le 29 novembre, et m'avez pris au deffault de la cuirasse, vous advouant que je ne fus
« jamais si surpris, que je le fus à l'ouverture de vostre boitte, quand c'est que pensant y
« voir quelque empreinte de vase, je me trouvay à la main l'original de l'un de ceux de
« M. de Roissy, que je ne pensois jamais voir, tant s'enfault que je me fusse jamais imaginé
« qu'il peust un jour estre à moy, dont je me tiens si redevable à la courtoisie de M. de
« Roissy et par conséquent à vostre industrie et à vostre bonne et prudente conduite que je
« ne le vous sçaurois assez exprimer, et aprez ceste preuve là je ne pense poinct qu'il y aye
« rien d'impossible à vous de tout ce qui peut tomber en négotiation humaine. Toute la
« mortiffication que j'y ay eüe gist en ce que depuis la réception de ceste belle pièce, j'ay
« esté si accablé d'aultres divertissementz inesvitables qu'il n'a pas esté en mon pouvoir de
« desrober une demye heure de temps pour la bien considérer et pour en examiner la
« contenance sur les mesures de ma pille antique (26), de sorte que je ne vous en sçaurois
« dire pour ceste fois, si ce n'est que la veüe de l'original nous y a faict recongnoistre une
« inscription dont je ne m'estois pas apperçu les aultres fois que je l'avais tenüe, ce qui ne
« sera pas, je m'asseure, inutile, mais il m'obligera aussy de vous recommander comme je
« faictz trez instamment de bien examiner l'aultre pièce, qui est demeurée à M. de Roissy,
« pour vous asseurer s'il n'y a point de pareille inscription par le dessoubz du fondz comme
« en celle-cy, ne faisant pas difficulté d'y employer des lunettes et des louppes pour mieux
« secourir la perspicacité de vostre veüe, et pour en prendre tous les traictz que vous pourrez
« discerner, que je vous prie d'imiter sur du papier le plus exactement que vous pourrez,
« car je ne pense pas que la délicatesse du sable du mouleur aye peu desrober l'empreinte de
« ces lettres qui ne sont point enfoncées et qui ne semblent estre faictes qu'avec la pointe
« d'un cousteau, avec laquelle on a seulement trassé et aulcunement rompu le lustre de
« l'argent pour y inscrire le mot CIPIKI (S) et au dessoubs la marque V, m'imaginant
« qu'il y aura quelque chose d'approchant à cela, sinon pour tout ce mot entier, au moins
« pour quelque marque qui puisse servir à favoriser [la détermination] de la contenance
« et capacité du vase, car puisque vous me dictes qu'il est plus grand que cestuy-ci, il fault
« que la marque en soit différente, et si leur forme estoit faicte en sorte qu'ilz se peussent
« emboitter l'un dans l'aultre, il ne seroit pas impossible que l'inscription de celluy-cy
« n'eusse quelque relation à la contenance de l'aultre comme vous avez veu en mes
« gobelets d'argent; ce qu'il faudra examiner, Dieu aydant, sur l'empreinte que vous me

« promettez par le prochain ordinaire pourveu que le moulleur ayt esté bien exact de
« prendre la juste contenance de l'original, ce que vous pourriez avoir examiné et vériffié
« en comparant la contenance de l'empreinte sur celle de l'original, attendu que pour
« peu qu'il y puisse avoir eu de négligence du mouleur pour ce regard là, soit pour
« avoir trop mouillé son sable, ou pour avoir trop chauffé son métail, il y aura facilement
« eu de quoy rendre la capacité et contenance du vase plus ou moins grande que son
« original, dont la comparaison de l'ung à l'autre en y versant de l'eau qui les remplisse
« justement autant l'un que l'aultre est cappable de faire cesser tout doubte et toute
« difficulté, mais je crains bien que vous n'ayez mis en chemin ceste empreinte sans
« vous estre advisé de ceste précaultion. Auquel cas il fauldra faire comme nous pour-
« rons (27). » Le pauvre Guillemin était bon diplomate et on s'en félicitait, mais il était
médiocre archéologue et on le lui faisait sentir.

    « Cependant je tascheray d'escripre un mot à M. de Roissy pour commencer les
« remerciementz que je luy doibs d'une si insigne faveur pour tant que j'auray de vie dont
« je tascheray de m'en revancher si j'en puis trouver des moyens, et rechercheray quelque
« curiosité qui puisse mériter d'estre mise en son estude ou dans sa bibliothèque, qui ne
« soit point ailleurs, pour faire un peu de remplacement, de ce qu'il a voulu oster de
« son cabinet pour l'amour de moy et pour l'amour du public et de la postérité, à laquelle
« je tascheray de faire cognoistre l'obligation et le bon gré qu'elle doibt avoir à la maison
« de Mesmes pour la conservation et libérale communication d'une si gentille curiosité qui
« n'eusse possible pas esté facilement deschiffrée et recongneue sans ceste communication
« si opportunément octroyée, et sans ceste participation si advantageuse pour moy (28). »

    Le 6 décembre, nouvelle lettre : « Je pense que demain ou aprez demain pour le plus
tard vous recepvrez l'advis et une mienne lettre pour M. de Roissy, sur la réception de son
« godet d'argent où je descouvre des merveilles et dont j'ay trouvé que la contenance
« respondoit fort bien à la marque du nombre cinq, laquelle y est gravée beaucoup plus
« profond que les aultres lettres du nom de CIPIKIOS pour la détermination ou destination
« duquel je ne puis rien résouldre que je n'aie veu l'empreinte de l'aultre vase et que je
« n'aye examiné sa contenance ou capacité, car s'ilz ne peuvent emboitter l'un dans l'autre
« et que celluy-là n'aye point d'inscription ou de marque particulière, j'estime qu'il ne
« debvroit pas estre de plus grande contenance que de huict foys vostre plus grand
« escuellon, mais s'ilz n'ont rien de commun l'un avec l'autre, j'estime que celluy que j'ay
« estoit faict exprez pour en contenir un autre assez estroit pour s'y emboitter, mais
« assez hault pour contenir les 8 mesures de vostre escuellon en la forme que se
« voyent faictz plusieurs calices dont le fondz du gobelet est embrassé par le dehors
« de rayons ou aultres ornementz qui en couvrent la partie inférieure comme le noyau

« d'un gland est embrassé par le fondz d'une petite escorce qui ne couvre que la moictié
« du fruict. Or, je sçais d'ailleurs que c'estoit une pratique fort usitée entre les anciens
« que les ouvrages de relief dont estoient enrichies par le dehors les couppes d'argent,
« estoient postices et se pouvoient facilement adjouster ou séparer pour les joindre à
« d'aultres gobeletz tant pour la conservation des cizeleures de la main des grandz
« sculpteurs que pour y pouvoir changer des noyaux en godetz de différente capacité
« selon qu'il les falloit plus ou moins grands pour satisfaire aux complimentz qu'ils
« vouloient rendre à table à l'honneur de diverses déitez princes ou maîtresses, et de
« faict le dedans de ce vase que j'ay, n'est pas poly ne luisant à beaucoup près à compa-
« raison de la polisseure du dehors, ce qui est directement contre l'ancien usage et
« c'est ce qui me confirme de tant plus en l'opinion que j'ay conçue d'abord qu'il y
« manquoit un aultre godet intérieur de la susdite contenance qui estoit vraysemblablement
« moins massif et plus délié que son noyau ou son estuict, ce qui l'a rendu plus foible
« et moins durable que ce noyau, lequel a néantmoins eu grande peine de résister à l'injure
« du temps jusques à présent, durant tant de siècles, puisque vous voyez qu'il est fellé,
« fracassé et la pièce mesme emportée en quelques endroictz. Il faudra avoir patience
« jusques au prochain ordinaire puisque vous nous promettez alors l'empreinte de l'aultre
« vase, afin que nous en puissions faire le jugement qui y escherra (29). »

Mais le prochain ordinaire ne devait pas donner d'éclaircissements, bien qu'il
apportât de nouvelles empreintes : « J'ay receu... les dernieres empreintes du vase de
« M. de Roissy lesquelles m'ont bien mis en bredouille avec la confusion que j'ay trouvée
« en la multiplicité des escriptures qui y paroissent, lesquelles je n'ay sceu deschiffrer et
« le pis est que je n'ay guière d'espérance d'en venir à bout, ne que cela me puisse fournir
« le secours que je m'en promettois. Au contraire cela est fort nuisible aux conjectures
« que j'avois fondées sur l'inscription de l'aultre... (30) » — « Je suis bien ayse, écrit-il, le
« 3 janvier (31), que vous n'ayez pas faict davantage d'instance pour un aultre modèle de
« son vase en souffre, de crainte de ne luy estre trop à charge car ce que vous m'avez
« envoyé en dernier lieu tant en souffre qu'en plomb me doibt suffire pour les inscriptions
« du fondz qui ont mis des barrières à ma pauvre curiosité, et l'ont empeschée de pouvoir
« passer par dessus et d'en franchir et esclaircir les difficultez comme elle avoit accous-
« tumé de faire cy-devant, car pour le reste du vase et des façons ou enrichissementz
« qui y sont par le dehors, je me suis bien apperceu dans ce dernier fragment d'empreinte
« de plomb qu'il y a certaines petites façons tant de petitz herbages que de profils ou
« membrures d'animaux et de branches d'arbres qui ne sont marquez qu'avec de petitz
« pointz, sur quoy il n'y a pas moins à discourir qu'au reste, ce qui ne se peut pas discerner
« sur vostre empreinte de bronze, et ce que j'y trouve de plus notable pour ce regard est

« de certains festons ou couronnement des autelz qui se voyent dans ce fragment d'em-
« preinte fort distinctement marquez avec des pointz qui sont néantmoins invisibles en tous
« vos modèles de bronze et je n'ay rien trouvé de semblable sur l'original de l'autre pièce
« que j'ay. C'est pourquoy si M. Engobert (32) revient à Paris comme on le vous a faict
« espérer, il faudra bien voir de faire un autre effort, avec toutes les précaultions d'excuses
« néantmoins que faire se pourra et sans rien obmettre de tous ces petitz ornementz et
« pointilleures, principalement de ce qui en paroistra à l'entour des autelz où il y peut avoir
« plus de mystère, car j'estime que ce pouvoient estre des carcans ou couronnes de
« pierreries aussy bien que des festons de fruictz, fleurs et feuillages. Avant receu de
« Rome un vase d'albastre antique des plus gentilz qui me soient tombez en mains, qui
« est couronné ou enrichy d'un double carcan de marguerites ou perles rondes et
« d'élenques rondz par le hault et pointuz par le bas, qui estoit une autre espèce de perles
« en forme de rayons ou de boutons de rose qui ont quelque rapport de leur figure à
« l'étymologie du nom dont la remarque ne sera pas inutile à l'esclaircissement du reste. »
Le vase d'albâtre dont il est ici question est représenté dans nos deux albums par des
dessins au lavis (t. I, f. 60, et t. II, f. 15). Il a été gravé pour Montfaucon (*Antiq. expliq.*, t. III,
1re partie, pl. LXXXI). Quant aux « pointillures » gravées sur le vase d'argent qui était
demeuré chez M. de Roissy, il est facile de les distinguer sur le dessin que nous reproduisons (pl. I, n° 2). Ce n'est pas Engobert (ou plutôt Gobert) qui exécuta ce dessin, mais Daniel
Rabel (33). « J'ay trouvé les desseins que M. Rabel a faictz de l'escuellon d'argent fort beaux.
« Mais il y a bien des choses à dire pourtant que je n'auroys pas su comprendre et dont je
« ne me seroys pas prévalu comme je puis faire avec le secours des empreintes sur lesquelles
« M. Fredeau (34) m'a faict un dessein fort rare, lequel néantmoings estoit imparfaict de
« ces greneteures que M. Rabel a cottées, lesquelles je ferai adjouster à celuy de M. Fre-
« deau. Je ne laisray pas d'escrire à M. Rabel pour l'en remercier ; si ce ne peult estre
« à ce coup, ce sera par le prochain Dieu aydant, et pour le disposer à se laisser
« payer (35). » Le deuxième volume du recueil de Peiresc, celui qui vient de Saint-Victor,
possède aussi un dessin de cette coupe, c'est peut-être le dessin de Fredeau.

Je ne sais à qui attribuer le dessin du vase donné à Peiresc par M. de Roissy (pl. I,
n° 1) ; peut-être aussi faut-il nommer Fredeau ?

On a pu voir par les extraits qui précèdent combien un antiquaire, aussi soigneux que
Peiresc, était difficile à contenter. Il en vint à regretter, et cette fois à juste titre, d'avoir
accepté de M. de Roissy un présent qui dissociait ces deux objets. « J'estime bien davan-
« tage l'escuellon d'argent qui est demeuré dans le mesme cabinet [de Roissy], et si
« j'ose le vous dire, je ne suis pas sans regret ne sans quelque scrupule de conscience
« d'en avoir laissé séparer celluy que M. de Roissy m'a voullu despartir, car en voullant

« travailler à deschiffrer les figures qui sont dessus l'un et l'autre, j'y trouve toujours
« plus de rapport et de despendance de l'un à l'autre, en sorte que entre tous deux, ils
« font l'accomplissement de tout plein de mistères qui ne sont pas bien séparables sans
« qu'il y demeure de l'imperfection d'importance; ils forment tous deux ensemble un
« certain poids et une certaine mesure fort notable de la République d'Athènes, et ont
« mesme rapport conjointement à d'autres choses bien curieuses. » Telle est l'histoire
des deux dessins que nous reproduisons (pl. I.).

OENOCHOÉ D'ARGENT

Je ne sais rien sur l'origine de ce dessin, ni sur l'identité de l'objet. Je ne pourrais pas prouver qu'il ait appartenu à Peiresc. Il est conservé au folio 52 du tome I. Au folio 53, un autre dessin de même facture représente le même objet vu d'un autre côté.

Hauteur 0,264   Largeur 0,199

LE TRÉSOR DE SAINT-DENIS

I

LE CALICE DE SUGER — LE CALICE DE SAINT-DENIS — LA FIOLE D'AGATE

Le cabinet Peiresc contient, aux folios 93, 94 et 95 du tome I, trois aquarelles exécutées avec grand soin d'après deux objets bien connus de l'ancien trésor de Saint-Denis, maintenant conservés au musée du Louvre : le vase de porphyre, dont la monture est en forme d'aigle, et la patène de serpentine incrustée de poissons d'or. Le même volume contient d'autres dessins de même facture, qui semblent être de même origine et représentent aussi des vases liturgiques. (Voy. nos planches III, VII et VIII.) Serait-il possible d'y reconnaître les images de pièces perdues du même trésor ?

Nous n'avons, comme termes de comparaison, que les mauvaises planches du livre de Félibien (36). Or, chaque planche présentant un grand nombre d'objets, ceux-ci sont ramenés à de très petites dimensions ; ils sont, de plus, reproduits de façon inexacte. Pour apprécier cette inexactitude, il suffit de comparer avec ces gravures quelques objets encore existants, comme le vase de porphyre, cité plus haut (voy. notre pl. XI), ou encore l'aiguière de sardonyx et le vase d'Aliénor, conservés dans la galerie d'Apollon. (Voy. nos pl. V et VI.)

Cependant, malgré le double défaut de ces estampes, nous les avons rapprochées des aquarelles dont nous cherchons à établir l'identité, et sur une même planche (voy. notre pl. IV), nous avons reconnu trois objets qui figurent aussi dans notre série d'aquarelles :

1° Le calice marqué R, nommé calice de Suger ;

2° Le calice S, dit calice de Saint-Denis ;

3° La fiole N.

Pour cette dernière, l'hésitation n'est pas possible. Quant aux calices, nos dessins diffèrent légèrement de la gravure, mais l'inexactitude habituelle du graveur suffit à expliquer ces différences.

L'abbé Suger décrit ainsi qu'il suit le calice qu'il avait donné à Saint-Denis : « Compa-« ravimus etiam præfati altaris officiis calicem pretiosum de uno et continuo sardonice, « quod est de sardio et onice, quo uno usque adeo sardii rubor a nigredine onichini « proprietatem variando discriminat, ut altera in alteram proprietatem usurpare inniti « æstimetur (37). » Or, notre dessin présumé du calice de Suger offre aux regards justement cette bigarrure où le rouge de la sardoine et le noir de l'onyx alternent et luttent, en quelque sorte, pour la première place. Ajoutons qu'il présente une étroite ressemblance avec le vase d'Aliénor et l'aiguière de sardonyx, qui sont aussi des dons de Suger. C'est dans la monture d'orfèvrerie le même parti de rinceaux et d'ornements filigranés, les mêmes cordons de pierres précieuses composées de grosses pierres séparées par deux petites perles disposées perpendiculairement à la direction. Il faut noter aussi l'analogie des anses de notre calice et de celle de l'aiguière (37 *bis*).

Pour le calice dit de Saint-Denis, dont la coupe de cristal paraît être d'origine arabe, une lettre de Peiresc, qu'on lira plus loin, nous apprend qu'il avait une fourrure d'argent. La monture pourrait avoir été exécutée vers le même temps que celle du calice de Suger.

Les extraits de la correspondance de Peiresc qu'on va lire maintenant ne laisseront pas de doute dans l'esprit et feront reconnaître dans les trois aquarelles reproduites sur nos planches III, VII et VIII, trois pièces précieuses du trésor de Saint-Denis. J'ai déjà parlé des raisons qui amenèrent à Paris Guillemin, prieur de Roumoules, en 1632. Il venait, chargé par Peiresc de diverses missions, dont la principale était de mesurer la contenance des principaux et des plus anciens vases, conservés soit dans les trésors d'églises, soit dans les collections particulières. Nous avons déjà constaté quelles relations excellentes il entretint avec M. de Roissy. Parmi les instructions qu'il avait reçues de Peiresc, étaient comprises des lettres d'introduction pour les moines de Saint-Denis. Il ne pouvait négliger l'examen des vases antiques de ce célèbre trésor. « Vous aurez... (lui écrit Peiresc, le « 13 novembre 1632) reçu la lettre pour dom Colletet, qui vous aura ouvert le moyen pour « vostre voyage de S. Denis, dont j'attends bien aussi l'issue en bonne dévotion (38). » Mais le 3 janvier, rien n'était fait : « J'attendray impatiemment l'issue de vostre voyage de « Saint-Denis, qui ne presse point néantmoins qu'il faille pour cela vous exposer à la « rigueur du temps et à l'incommodité des pluyes tant qu'elles dureront, vostre santé et « vostre conservation m'estant plus chère au centuple que toute la satisfaction que je « sçaurois espérer de ce costé là. Bien est-il véritable que je feray difficulté de prononcer « mon advis sur l'un et l'autre des vases de M. de Roissy (voy. notre pl. I), que je n'aye eu « préalablement l'esclaircissement que j'attendz par l'examen de la contenance et capacité

« des principaulx vases de S. Denys, tant des deux de cristal que des trois d'agathe
« orientale et surtout de celluy qui est fait en forme de canharus de Bacchus (39), qui a
« le plus de rapport avec ceux de M. de Roissy, tant pour la contenance que pour le
« mystère des figures et autres enrichissementz, sy je ne me trompe, ce qui me fait
« désirer fort ardemment d'avoir un modèle de la concavité dudit vase, soit de plastre ou
« d'autre matière, sur laquelle je puisse moy-mesme faire l'examen de par-deçà, et si par
« hazard il y avoit moyen de prendre encore un modèle du creux ou de la contenance
« du pied ou soubzbassement dudict vase en le renversant san dessus dessoubz, je ne
« pense pas qu'il fusse inutile, mais je n'entends parler, en ce faisant, que du pied qui
« est d'agathe tout d'une pièce avec le reste du vase comme je crois, car il y a un autre
« pied d'or ou d'argent doré plus allongé, duquel il ne se faut poinct mettre en peine. »

« Mons. Le Grand, recepveur des deniers du Roy à Paris, qui se tient en la rue Saint-
« Anthoine, a un filz religieux à Saint-Denis, dont le crédit ne vous manquera pas, je
« m'asseure, si besoing est, si celluy de M. Colletet vous manquoit ; vous lui pourriez en
« ce cas monstrer ce que je vous en escriptz, et à mon petit nepveu de Bouc, qui l'a norry
« chez luy et qui l'a chéry si tendrement (40). » .

Le 6 janvier, Guillemin avait fait le voyage de Saint-Denis, mais sans avoir réussi dans
sa négociation :

« Il est malaysé, écrivait-il à Peiresc, qu'ayant affaire à des moines, on n'y trouve
« toujours prou de besogne. Ce n'est pas que le sieur Colletet ne m'ait, à vostre considé-
« ration, fort bien veu et obligé en cette rencontre, mais comme il n'a pas l'esprit si porté
« à la curiosité des bonnes choses, comme le sieur du Jardin, son confrère, j'ay trouvé du
« refus chés luy en quelque chose et de l'impatience en d'autres. » Il citait les objections
de dom Colletet :

« En ce qui est de faire mouler le creux du grand vase d'agathe, c'est à quoy il y a
« bien de la répugnance du costé dudit s^r. Colletet, qui allègue pour ses raisons que ce vase
« luy est en si forte considération en ce qu'il le tient comme consacré, veu qu'on y fait
« communier dedans sous les espèces du vin les Reines le jour de leur sacre, et de plus il
« craint que le plastre dont on se veut servir pour mouler le creux de ce calice, ne fasse
« quelque effort en se desséchant, qui apportast de l'incommodité à ceste agathe... »

Cette fois, Peiresc perdit patience et sortit de son habituelle modération : « Je ne
« trouve pas estrange que vous ayez rencontré de la difficulté parmy ces moynes, qui ne
« seroient pas si scrupuleux s'ilz estoient un peu moins ignorantz, et s'ilz avoient un peu
« plus de cognoissance bien certaine des termes jusques auxquelz les choses peuvent
« estre loisibles ou illicites. Car bien que les corporaux soient faictz pour y reposer le
« S. Sacrement, cela n'empesche pas qu'il n'y ait moyen de les faire blanchir quand

« besoin est soubz les précautions accoustumées, et mesmes les calices ordinaires ont
« besoing souvent d'estre mondiffiez ou escurez plus exactement que par une simple
« ablution, aultrement il s'y amoncelleroit trop de crasse, de rouille et d'ordure. Or, la
« mouleure que je désire prendre de ce grand vase d'agathe doit passer pour une espèce
« de mondification, desrouillement ou descrassement faicte avec du plastre au lieu de
« sable et du linge, sauf d'y faire plustost procedder par aprez par une nouvelle béné-
« diction si elle y peut eschoir, de quoy je doubte grandement, aussy bien que de l'employ
« au sacre des Roynes pour y mettre du vin consacré, car c'est chose bien indubitable que
« toutes les figures et autres ornementz gravez sur ledict vase, appartiennent aux
« mystères des Bacchanalles qui sont bien mal compatibles à ceux du christianisme. Que
« s'il n'y avoit que la crainte de la force du plastre, il est fort aysé d'y remédier en
« employant du plastre un peu plus vieil que l'ordinaire et y versant un peu plus d'eau que
« la proportion commune, dont on peut faire l'espreuve dans un verre pour voir s'il sera
« capable de le casser. Si vous y employez M. Le Grand, il surmontera facilement toutes
« cez difficultez, je m'asseure, par les amis et habitudes qu'il y a. M. Thibault, advocat au
« Conseil, de nos anciens et intimes amis; y avoit un frère moyne bien puissant aultrefois,
« lequel il feroit agir pour l'amour de nous si vous l'en requérez. Il se tenoit en la rue
« Bertin-Poirée, chez M. Du Puy, prez le Four l'Evesque. Possible que M. L'Huillier y aura
« encore des amis qu'il n'espargnera pas, s'il en fallait délibérer en plein chapitre. Auquel
« cas il faudroit avoir consulté quelque bon docteur de Sorbonne pour guérir tous leurs
« scrupules sur toutes les sortes de mondiffications loysibles des vases sacrez et sur
« l'utilité qui se retirera de l'examen de ceste empreinte, pour en déterminer bien au vray
« le rapport des anciennes mesures, dont est faicte mention en la sainte Escripture avec
« celles des Grecs et des Romains, d'où il se peut tirer d'excellentes conséquences, car
« de s'amuser à y employer des peintres pour en tirer ce que vous appelez improprement
« des empreintes, qui ne sont que simples desseins ou portraitz, il n'est point de besoing
« de vous en mettre en peyne, car j'en ay de fort bien faictz de la main de M. Rabel et
« d'autres, mais il s'y peut asseoir aulcune sorte d'asseurance pour les mezures. Et si vous
« obtenez la permission d'y faire travailler, il faudra bien prendre garde que l'empreinte
« puisse représenter tout le creux de la contenance intérieure du vase, jusques au plus
« hault de son bord, et mesme faire prendre tout ce qui se pourra prendre de l'espoisseur
« du bord ou du corps du vase qui sera en despouille, afin que je sois bien asseuré de la
« plus grande haulteur de la mezure du vase quand j'en feray l'examen et le calcul néces-
« saire qui fera possible parler un jour de ce vase en meilleurs et plus honorables termes
« que l'on n'eusse peu faire sans cela. Il faudra que j'en escripve à cez Messieurs pour
« faciliter la guérison de tous cez scrupules surabondantz.

« J'ay pris plaisir de voir l'empreinte que vous m'avez envoyée de ce petit chiffre que
« vous avez pris en cire d'Espagne, et si vous y retournez, je seray bien ayse que vous en
« preniez cinq ou six empreintes en cire d'Espagne, tant d'un costé que de l'aultre, afin
« que je sois plus asseuré de sa vraye forme. Quant au moulage que j'avois demandé de
« l'extérieur du vase, c'est à quoy ces messieurs debvroient faire moins de difficulté, si
« vous trouviez un ouvrier capable de le faire, parce qu'il n'y a non plus de danger que de
« tremper le vase dans l'eau toute pure, attendu que la colle s'en retire aussy molle et
« tremblante comme de la gelée de piedz de mouton, et que pour nettoyer le vase, il ne
« fault que le tremper dans l'eau tiède et le frotter avec une petite brosse, car au lieu que
« cela le puisse salir ou charger de crasse, au contraire cela est capable de le mondiffier
« grandement, puisque vous avez moyen de séparer le pied d'or qui ne tient qu'à des
« agraffes qui se peuvent remettre et ribler aussy aysément comme on les dézassemble ;
« que si vous prenez le creux de plastre du vase principal, il ne faudra pas négliger aussy
« de prendre à part celluy du pied renversé dont vous avez oublié de me marquer s'il y
« reste aulcunes marques recognoissables, qu'il ne fusse fait que pour prendre assiette
« sur une table, ou bien s'il pouvoit avoir servy à son tour pour contenir quelque portion
« de liqueur en renversant le vase sens dessus dessoubz, ce qui se recognoistra par
« l'espesseur du bord, s'il est propre à appliquer à la bouche ou non. Et tousjours quand
« on feroit tant de difficulté de laisser mousler cet endroit là, pour me laisser mieux
« recognoistre toute la forme et tous les usages de ce vase, duquel je veux faire, Dieu
« aydant, un traicté *ex-professo*, qui fera possible parler du trésor de S. Denys en autres
« termes que l'on ne souloit faire et qui pourra rendre touz ces beaux vases précieux utiles
« au public et propres à d'autres usaiges dont on ne s'estoit point encore advisé de nostre
« temps (sans rien desroger à la sainte application qui s'en estoit faicte depuis le christia-
« nisme et depuis qu'ilz sont dans le trésor S. Denis), car l'examen que j'en faictz faire
« n'est point pour les profaner, ains à trez bonnes et trez innocentes fins. Et pour les faire
« valloir beaucoup plus qu'ilz n'avoient vallu jusques à ceste heure, comme j'ay faict du
« camayeul de la Sainte-Chapelle, qui est maintenant si célèbre par toute la chrestienté, et
« qui ne passoit que pour un esmail du *Triomphe de Joseph* lorsque j'en fis la première
« descouverte (41). C'est pourquoy cez Messieurs auroient grand tort si par leurs difficultez
« surabondantes et un peu plus scrupuleuses qu'il ne seroit requis et nécessaire, ilz
« m'empeschoient de pouvoir déterminer ce que je ne sçaurois démonstrer bien affirmati-
« vement et avec la certitude nécessaire, sans avoir les empreintes que je demande de la
« concavité ou capacité de cez vases. Et pour celluy qui est à godrons (42), puisque vous dictes
« que son bord ou cercle d'argent postice est si mal attaché et si aysé à dézassembler, il
« fault que j'aye l'obligation toute entière à ces Messieurs et qu'ilz aggréent que vous y

« meniez un orphèvre qui puisse proprement dézassembler ce bord ou cercle d'argent
« postice pour vous donner moyen de prendre plus commodément l'empreinte du creux
« ou concavité de ce vase, qui, par vostre rapport, se trouve de la mezure de celluy de
« M. de Roissy, dont j'ay esté fort ayse comme de chose qui ne sera pas inutile, tant pour
« l'un que pour l'autre, si je puis avoir le moyen de la bien vériffier par les empreintes de
« ce vase-là, aussy bien que par celles de ceux de M. de Roissy. Et tousjours de celluy-là
« puisqu'il n'est point en usage aux sacres comme le grand, cez Messieurs ne debvroient
« pas faire difficulté de vous laisser prendre l'empreinte, en attendant qu'ilz se soient
« résoluz sur ce qui peut regarder le plus grand, s'ilz y veullent procéder avec plus de
« solennité. »

« Quant à celluy de cristal (43), je désirerois beaucoup plus d'apprendre la conte-
« nance du cristal tout nud, que celle de la fourrure d'argent qui y a esté adjoustée
« postérieurement, et s'il y avoit moyen qu'un orphèvre la peusse desemboitter proprement,
« comme j'estime qu'il leur doibve estre fort facile, cez Messieurs m'obligeroient grande-
« ment de le permettre, afin que vous peussiez prendre bien au juste la mesure de la conte-
« nance du crystal et que, le dedans ne se pouvant mouller, vous ayez pour le moins
« appresté un petit vase ou boitte de fer blanc qui ne tienne ne plus ne moins que la
« liqueur capable de remplir ce vase et tousjours en faudra-t-il faire autant des autres, quand
« bien vous aurez faict mouller leur creux en plastre, pour me fournir plus d'asseurance
« de la vériffication de leur capacité par différentz moyens; et en faudra faire aultant pour
« avoir un modèle de fer blanc de la juste contenance du petit larmoir d'agathe que vous
« appelez d'onyce qui n'est qu'une agathe un peu plus fine que le commun (44). »

« Il fauldra faire un pareil modèle pour la contenance du vase de porphyre (45) que
« j'avois oublié de mettre dans voz mémoires, mais avant que de l'adjuster, il faudra bien
« vous asseurer qu'il n'y aye dans le fondz aulcune crasse ou aultre matière capable de
« vous avoir rien desrobé de sa juste contenance... Et parce que je n'ay point réservé de
« dessein ou de portrait de ce vase, je vous prie de me le faire desseigner par un peintre et
« le charger de se bien assubjettir aux mezures tant qu'il pourra, de tout ce qui pourra
« paroistre du corps du vase de porphyre, séparément et à part, de toutes ces ailes, griffes
« et teste d'aigle que l'on y a voulu anter par aprez, dont on pourra faire à part un petit
« griffonnement du tout assemblé, sans s'assubjettir aux mesures pour ce regard, voire
« je serois bien ayse que vous peussiez faire mousler l'embouscheure de ce vase de
« porphyre car je tiens qu'il y avoit anciennement un bouschon de la mesme pierre ou
« d'autre matière taillée en forme d'une teste de sacre (qui est une espèce d'aigle) qui pouvoit
« avoir donné subject à faire conformer tout ce vase en la représentation d'un aigle toute
« entière, de cette manière que vous avez veuz divers bouschons antiques de vases en mon

« cabinet tantost en forme de cinge, tantost en forme de loup, tantost en forme humaine...
« et si je vois l'empreinte de l'embouscheure de ce vase de porphire, je pourray beaucoup
« mieux juger si ma conjecture est recepvable ou non pour le païs où la mesure de ce vase
« pouvoit estre en usage. »

Peiresc parle ensuite de la Tasse de Salomon (46), de la patène de serpentine (47), puis revient au larmoir d'onyx et au calice de Suger, au calice de cristal et au vase de porphyre :

« J'oubliois de vous dire qu'il faudra bien prendre garde aussy que dans le petit
« larmoir d'onyce il n'y aie aulcune ordure capable de vous avoir rien soustraict de sa
« juste mezure et que pareillement les lèvres d'argent qu'on y a mises sur son embous-
« cheure ne puissent rien avoir adjousté à la juste contenance de la pierre précieuse de
« laquelle je seray bien ayse que vous me fassiez faire un petit portraict de la juste
« grandeur et mezure extérieure la plus exacte que le peintre la pourra prendre avec
« son compas, voire s'il la pouvoit enluminer de couleurs bien approchantes du naturel
« de la pierre, avec les plus belles vaines d'icelle tant d'un costé que d'autre, il ne seroit
« pas inutile. Et quand on pourroit uzer de la mesme diligence pour le dessein du second
« vase d'agathe faict à goderons, despouillé de toutes les garnitures d'argent tant du pied
« et des lèvres que des ances (desquelles garnitures je n'ay point à faire comme du
« corps du vase), j'en serois encore bien ayse, comme aussy pour le portraict de celluy
« de porphyre dont la couleur de la pierre seroit bonne à imiter, mais il fault bien marquer
« aussy la vraye forme des tenons percez faictz pour le suspendre. Et encores plus celle de
« son soubzbassement, en cas que y ayt quelque sorte de base ou de cercle, et s'il y
« avoit du creux soubz la base il faudroit mesurer ce creux à part, ce qui me faict
« ressouvenir qu'un dessein pareillement faict du troisième vase ou calyce de cristal que
« vous appellez de Saint-Denis seroit encore bon à avoir de sa juste mezure avec les
« damasquineures qui y sont par-dessus, ce me semble, lesquelles mériteroient prou
« une empreinte par dehors, puisqu'il ne s'en peut pas faire par dedans, s'il estoit
« loysible... »

« Et si vous trouviez un peintre bien exacte qui eust le dessein du pinceau bien à
« commandement, tous cez vases ensemble se pourroient peindre à huyle dans un petit
« tableau avec toutes leurs vives couleurs à sçavoir les pierres despouillées de toute sorte
« de garnitures et séparément les mesmes pierres accompagnées de leurs enrichissementz
« d'or et d'argent, dont la veue ne seroit pas layde si on les rangeoit avec quelque
« symétrie sur la représentation d'une table comme les Flamandz font les tableaux de
« fruictz et de fleurs dans des potz, estimant que ceux qui font des tableaux de fleurs
« et de fruictz seroient plus propres à cet employ que ceux qui font les figures et les grands

« tableaux... En un besoing M. Robin vous indiqueroit quelque peintre assez exacte pour
« cela (48). »

L'autographe de cette lettre, conservé à la Bibliothèque Nationale (49), porte en marge
des notes dans lesquelles Guillemin a résumé les principales instructions de Peiresc afin
de ne rien oublier. Mais c'est seulement au mois de mai 1633 que les opérations furent
terminées. Le 24 mai 1633, Guillemin rédigea son « Mémoire des empreintes, desseins et
« modelles que j'ay faict prendre en mon voyage de St-Denys sur les vases qui sont au
« Thrésor (50). »

« Premièrement en cire jaune d'une assez forte époisseur qui est mélangée avec de poy
« de Bourgongne et turbautine de Venise, dont la composition est excellente pour mouler
« comme bien plus innocente, et faisant mesme effect que le plastre, qu'on ne m'a pas
« voullu seulement permettre d'approcher d'aucun des vases de Saint-Denys, dont du plus
« grand qui est d'agathe j'en ay fait retirer une empreinte du creux du dedans qui suivant
« vos ordres portez par une lettre du 16 de janvier dernier représente tout le creux de la
« contenance intérieure dudit grand vase, jusques à atteindre au plus hault de son bord,
« qui porte avec soy l'époisseur du corps de ce vase, afin qu'il vous puisse fournir la
« juste mesure de sa plus grande haulteur et contenance. Plus une empreinte du dessous du
« pied de ce grand vase d'agathe que conformément à votre dite lettre du 16, j'ay
« remarqué ne pouvoir avoir été faict de façon qu'il est travaillé que pour s'en servir à
« prendre assiete et le poser sur une table et non pour avoir peu servir à boire par ce
« pied. »

« Plus quatre empreintes de cire d'Espagne d'un chiffre qui est gravé au dessous des
« anses de ce grand vase d'agathe (51).

« Plus une empreinte du creux ou capacité intérieure d'un autre moindre vase
« d'agathe, faict à godrons dont l'empreinte faict voir la juste hauteur et capacité de ce
« vase.

« Plus une empreinte de la forme extérieure du susdit vase à godrons, qu'ayant faict
« destacher de ses ances et bordures, j'en ay fait faire une empreinte qui n'ayant pas bien
« réhussy la première fois à mon gré j'en ay faict prendre une seconde qui vous fera
« justement voir la vraye forme et grandeur de ce vase qui est d'une si éguale conte-
« nance au vase ou escuellon de M. de Roissy que j'ay porté avec moy en ce voyage, qu'il
« seroit difficile de trouver deux mesures mieux appariées que le sont ces deux-là.

« Plus une empreinte du dehors du corps d'un autre vase de cristal de roche que
« vulgairement on appelle calyce de Sainct-Denys dont je n'ay point pris le creux du
« dedans veu que c'est une fourure d'argent et non la juste mesure de l'intérieur de son
« corps de cristal que je n'ay peu obtenir la permission de faire destacher de sa fourure

« pour se trouver assez artistement travaillée comme vous remarquerez au dessein que je
« vous en ay faict faire. »

« Plus une empreinte prise sur l'image qui paroist au beau milieu du fond de cette
« grande couppe ou tasse vulgairement appellée de Salomon, qu'ayant fait fourer par
« dessous d'une tourte d'argile que j'avois porté exprès de delà j'ay fort aisément mesuré
« ce bassin ou susditte tasse avec l'escuellon de M. de Roissy et puis après avec le vase
« à godrons, et j'ay trouvé qu'à bien également remplir ces deux mesures cette tasse tient
« justement six fois plein d'eau l'escuellon de M. de Roissy et à la mesurer avec le vase
« d'agathe faict à godrons il y faut la même quantité des mesures que du vase de M. de
« Roissy qui portent également leur eau jusqu'à un certain petit bord qui est comme un
« orlet mis autour de cette couppe ou bassin, que pour achever d'emplir jusques à couvrir
« son bord entièrement qui est fort peu de chose, eu égard à son époisseur qui se faict
« considérer par son estendue en rond et non pour la haulteur de ce dit bord que pour
« emplir ou couverir du tout jusqu'au plus hault et dernier bord de ses lèvres il y fault
« encores adjouster un escuellon d'eau du vase de M. de Roissy, ou une mesure d'eau du
« vase d'agathe à godrons, veu que ces deux mesures font un mesme effect qui est de
« remplir esgualement cette couppe jusques à ce petit bord ou orlet susdit avec six mesures
« de l'un ou l'autre de ces deux vases, et une septième mesure pour en couverir et
« remplir entièrement le bord qui sont sept mesures de l'escuellon de M. de Roissy ou
« sept du vase d'agathe à godrons pour emplir jusques au comble ce bassin ou tasse de
« Salomon (52). »

*Quand aux desseins, ils consistent premièrement en celuy du grand vase de porphyre
que j'ay faict desseigner avec sa couleur tout neu et despouillé de ses garnitures où l'on a
observé sa juste grandeur et grosseur.*

*Puis je l'ay faict desseigner avec tous ses ornemens comme vous me le demandez par vostre
lettre susditte du 16 janvier où les mesures et la couleur sont aussy observées mais icy réduites
à la petite mesure qui se rapporte à la grande qu'on a gardée au vase neu qui est de neuf pousses.*

*Plus il y a un dessein du vase d'agathe faict à godrons avec tous ses ornemens et enri-
chissures et le colory de sa pierre qui est bien bigaré.*

Plus un dessein du vase de cristal avec son enrichissement aussy.

*Plus un dessein d'un larmoir d'onyce avec l'observation de la couleur de sa pierre sur
quoy toutes les mesures sont exactement gardées.*

*De plus j'ay faict prendre un dessein de la patène de pierre verte semée de poissons
d'or de marqueterie, qui sert au grand vase d'agathe ou calyce de cristal afin que vous y
puissiez voir toute l'estendue de son bord et juger mieux de sa juste contenance sur la description que je vous en feray au prochain ordinaire avec celle des autres vases.*

« Dont vous aurez de chacun susnommé et du grand calyce mesme quoique je ne l'aye
« pas faict desseigner mais bien mouler son creux parce que vous m'avez escrit que vous en
« avyez un dessein de la main mesme de M. de Rabel, un modelle de la juste contenance
« des mesures de tous ces vases que j'ay faict travailler en fer blanc dans le thrésor
« mesme de Saint-Denys par un très brave ouvrier appellé Caron qui a sa bouttique à la
« place de Jean Chast... et de tout cela je vous feray au premier jour un petit ballot. »

Il est aisé de reconnaître en ces dessins les aquarelles mêmes conservées au Cabinet des
Estampes dans notre recueil. Nous avons en effet deux images du vase de porphyre l'une
avec la monture et l'autre privée de monture ; puis une représentation du calice à godrons
dit de Suger, une autre du calice de cristal, une du larmoir, et une de la patène, privée de
sa monture, afin que l'on puisse « voir toute l'étendue de son bord ».

Peiresc les reçut le 11 juillet. Nous voyons par sa lettre que l'auteur des dessins fut le
peintre Daniel Rabel :

« J'ay aujourd'huy reçeu par les Moreaux les trois estuys d'empreintes, le porte-feuille
« des desseins de Saint-Denys, et le petit fagot de livres fort bien conditionné le tout, et
« dont je suis demeuré fort satisfaict. Mais je n'y ay point trouvé de modèles de fer blanc
« pour la contenance des vases, pour raison de quoy je pensais que vous eussiez mené
« l'ouvrier que vous m'aviez nommé et qualifié de ce mestier... J'ay trouvé les desseins fort
« jolis et M. Rabel bien honneste par conséquent (53). »

Ainsi, grâce à Peiresc et à son habile ambassadeur, nous avons trouvé quelques vestiges
de plus de cette collection merveilleuse accrue dans une longue suite de siècles par la munificence et la piété des rois et des princes. C'était pour les temps nouveaux un spectacle plein
d'enseignement, un résumé vivant de l'art français dans l'infinie variété de ses applications.
Tous les arts où brillent le goût et l'ingéniosité d'un peuple avaient là pour chaque temps
de notre histoire des représentants authentiques et qualifiés. Il vint une génération qui,
nourrie, saturée, dégoûtée d'art, se déclara sensible aux seuls charmes de la vertu. Un
décret décida la destruction de ce trésor que tant d'avidités, tant de guerres, tant de pillages
avaient épargné.

Un texte du neuvième siècle, ou du dixième, nous fait soupçonner quelle devait
être déjà la richesse de l'abbaye en objets précieux, et nous révèle aussi la tendance
des rois, ses protecteurs, à se faire prêter par elle quelques-uns de ces objets pour les
présenter comme gages de leurs emprunts. C'est une liste de calices, de patènes, de
chapes, etc., remis au roi Eudes (54). Sans doute le roi devait faire argent de tout pour
résister à l'invasion normande. Les routes de France étaient couvertes de fuyards en quête
de lieux de refuge. Les prêtres avaient ajouté à l'office divin une prière spéciale pour obtenir
la fin de ces misères : « Summa pia gratia nostra conservando corpora et custodita, de gente

« fera Normannica nos libera, quæ nostra vastat, Deus, regna. Senum jugulat et juvenum
« ac virginum puerorum quoque catervam. Repelle, precamur, cuncta a nobis mala... (55) »
« On croit, dit Félibien, que ce fut dans cette occasion qu'Hilduin fit porter le trésor, c'est-à-
« dire les saintes reliques et les plus précieux meubles de son église dans l'abbaye de
« Ferrières, comme dans un lieu de sûreté (56). »

Mais d'autres causes menaçaient l'intégrité du trésor. D'abord les besoins des religieux.
En 1355, deux abbés moururent en peu de temps et l'abbaye, pour payer les frais de prise
de possession des nouveaux élus, dut vendre 18000 livres de joyaux (57). D'ailleurs, les
guerres en ruinant le pays diminuaient ou supprimaient les revenus fonciers des moines.
Il fallait vivre cependant. En 1588, on vendit un calice d'or, une rose d'or, le pied d'argent
de la tasse de saint Louis dont on tira 500 écus qui permirent de subsister jusqu'au mois
de mai de l'année suivante. A ce moment on vendit encore deux grands bassins d'argent et
une image représentant saint Jean l'Évangéliste (58).

On pouvait craindre aussi la mauvaise gestion d'un abbé. Il semble qu'un fait de ce
genre ait amené l'établissement d'une surveillance de la part du pouvoir royal. En 1423,
l'abbé Jean de Bourbon avait engagé plusieurs reliquaires d'or et d'argent enrichis de
pierreries, entre autres deux figures d'anges qui soutenaient le chef de saint Denis. Le
23 novembre, un arrêt du Parlement mit le temporel de l'abbaye sous la main du roi; et
décida qu'il serait administré par deux religieux sous la surveillance de conseillers. En 1432
seulement, les reliquaires et les joyaux furent rendus, à l'exception de quelques pierreries
perdues ou pillées pendant le transport (59).

D'ailleurs, si l'on songe combien de fois, aux temps de guerre civile ou étrangère, le
trésor entier fut porté de Saint-Denis à Paris, comme en un lieu sûr, on peut s'étonner que
des objets si fragiles et d'un si grand prix aient pu résister aux cahots toujours renouvelés
des charrettes, et à la cupidité des sauveteurs. En 1413, dit Félibien, le duc de Bourgogne
marchant sur Paris, les habitants des faubourgs et des environs transportèrent en
diligence leurs meubles dans la ville (60). Le roi donna l'ordre d'agir de même pour le
trésor et les chartes de Saint-Denis. En 1464, pendant les troubles fomentés par la Ligue
du Bien public, nouveau transfert du trésor à Paris (61). En 1544, la marche de l'empereur
épouvantait la population; le cardinal de Bourbon envoya l'ordre de la part du roi, de
transporter le trésor dans son hôtel à Paris. « Des orfèvres disposèrent dans des tonneaux
« les châsses, les croix, les reliquaires, les joyaux, en un mot tout ce qu'il y avait de précieux
« dans l'église de Saint-Denis, et le jour suivant tout le trésor fut transporté à Paris dans le
« collège de Saint-Denis. En même temps quatre religieux... furent nommez pour veiller
« jour et nuit à la garde d'un si précieux dépost. On trouva mesme nécessaire pour une
« plus grande sûreté de faire garder le logis par huit ou dix arquebusiers (62). »

Pendant les troubles de la Ligue, le trésor de Saint-Denis courut de grands dangers et reçut quelques atteintes. En 1588, le duc d'Aumale, gouverneur pour la faction des Seize, écrivit le 28 décembre aux religieux qu'ils le fissent porter à Paris (63). Sur le refus des moines il envoya cinquante arquebusiers pour l'enlever assurant d'ailleurs les moines qu'il n'agissait ainsi que pour mettre leur trésor en plus grande sûreté et pour empêcher les gens mal affectionnés à la religion catholique de s'en saisir. Ces assurances ayant déterminé les religieux à consentir, le transport fut effectué le 1er janvier 1589 sous l'escorte de trois cents hommes armés. Mais Henri IV se rendit maître du faubourg Saint-Germain; l'hôtel Saint-Denis étant situé trop près de ce faubourg, le trésor fut transféré le 8 novembre au monastère Sainte-Croix de la Bretonnerie où il resta jusqu'à la paix de Vervins en 1598.

Mais il dut y subir des assauts. En 1590, le duc de Nemours, manquant d'argent pour défendre Paris, s'adressa aux moines de Saint-Denis (64). Ceux-ci se récusèrent, alléguant l'emprunt de 1 000 écus consenti l'année précédente dont ils s'étaient chargés de payer les intérêts, les pertes de l'abbaye subies par suite des guerres, et menaçant de la colère de Dieu. Ils représentèrent qu'ils ne pouvaient rien faire sans une décharge de la Chambre des Comptes. Le 28 mai, le duc de Nemours se transporta avec le légat et le prévôt des marchands à Sainte-Croix de la Bretonnerie. Il en tira un gros rubis et un crucifix d'or qu'avait donnés l'abbé Suger. Quelques jours après, il fit encore demander les clefs, menaçant de faire forcer les serrures, menace qui fut exécutée le 24 juin; on emporta six lampes d'argent, quatre figures d'argent et un bénitier d'argent.

Les pertes inévitables subies dans la longue suite des siècles, étaient réparées par des dons nouveaux. Suger reconnaissait que la richesse du trésor de son abbaye était faite de la générosité des rois et des fidèles (65). Telle fut même la continuité de cette munificence que les rois se crurent un jour le droit d'imposer aux bénéficiaires usufruitiers certaines mesures conservatoires. Louis XII exigea en 1505 la rédaction d'un inventaire et depuis lors, à des intervalles plus ou moins longs, on renouvela cette opération (66).

Vers le temps de Peiresc, le trésor de Saint-Denis était célèbre; pour le voir « n'y avait « estranger qui ne se destournast » dit Belleforest. Le Hollandais Arnold van Buchel écrivait dans son journal en 1585 : « Le trésor est d'une richesse inouïe; la munificence des « rois et des princes du temps passé y a entassé des trésors : certains disent que les rois « modernes ont été plus portés à prendre qu'à donner, ils auraient substitué à des pierres « précieuses véritables des pierres fausses et de la vulgaire verroterie; cela se reconnaît, « dit-on, en examinant les joyaux. ...Celui qui est préposé à la garde du trésor le montre « facilement à tout le monde moyennant une légère rétribution (67). »

Ces merveilles accumulées pendant tant de siècles furent presque anéanties en quelques années. En 1790, les biens de Saint-Denis furent déclarés nationaux comme les autres biens ecclésiastiques ; puis les ventes commencèrent. Les objets qui échappèrent aux adjudications eurent, comme nous le verrons, des sorts divers. Ceux qui sont représentés dans les trois aquarelles que nous étudions ici : le calice de Suger, le calice de cristal et le larmoir d'onyx eurent une destinée singulière : ils furent exceptés des ventes, et déposés, le premier au Cabinet des Antiques, les deux autres au Muséum national, mais, quelques années plus tard, ils disparurent tous les trois, nous verrons de quelle manière.

C'est le 30 septembre 1791 qu'eut lieu à Saint-Denis le premier prélèvement d'objets jugés dignes d'être conservés ; le procès-verbal de l'opération publié par M. Babelon est conservé au Cabinet des Antiques de la Bibliothèque Nationale (68).

« L'an mil sept cent quatre-vingt-onze, le vendredi 30 septembre, neuf heures du
« matin, nous, Germain Garnier et François Cretté-Palluel, tous deux administrateurs et
« membres du Directoire du Département de Paris, commissaires nommés par arrêté du
« Directoire, du vingt-sept de ce mois, en exécution de la loi du 12 du même mois qui
« ordonne que le Département de Paris nomme incessamment deux commissaires à l'effet
« de se transporter avec MM. Le Blond et Mongez, de l'Académie des Belles-Lettres, au
« trésor de la ci-devant abbaye de Saint-Denis, et de faire transporter dudit Trésor au
« Cabinet national des médailles et antiques, rue de Richelieu, les monuments d'arts et de
« sciences, lesquels seront déposés provisoirement audit Cabinet... Sur quoy nous avons
« été conduits au Trésor de la cy-devant abbaye de Saint-Denis, où en présence de dom
« Charles François Verneuil, prieur de la cy-devant abbaye, dom Pierre Dieuzy, trésorier,
« nous a fait ouverture du Trésor et des armoires où sont contenus les effets qui le
« composent, et après examen fait par MM. Le Blond et Mongez de toutes les pièces et
« meubles qui composent ledit trésor, ils ont reconnu qu'il n'existait, comme pouvant
« être considérés comme monuments d'arts et sciences que les pièces suivantes :

« 1° Une cuve de porphyre qui était dans l'église ;

« 2° Un fauteuil de bronze connu sous le nom de fauteuil de Dagobert (69) ;

« 3° Un camée gravé sur une agathe onix qu'on croit représenter un tète de Germa-
« nicus, lequel était un reliquaire dit de Saint-Cloud ;

« 4° Une sardoine rougeâtre en camée, représentant la tête d'Auguste couronnée de
« feuilles de chêne, laquelle pierre était attachée au chef de saint Hilaire de Poitiers (70) ;

« 5° Un plateau de pièces rapportées, dans le fond duquel est encastré un morceau
« de cristal représentant un Roy Parthe gravé en creux (71) ;

« 6° Un vase de sardoine onix orientale représentant des Bacchanales et gravée en
« relief qu'on croit être du temps de Plolémée Philadelphe (72) ;

« 7° Un vase d'agathe orientale cannelée, connu sous le nom de calice de Suger (73) ;

« 8° Une aigue-marine gravée en creux représentant la tête de Julia fille de Titus
« avec le nom de... (74) ;

« 9° Une cuvette de sardoine orientale à godrons, avec son pied d'argent doré et sa
« bordure de même matière (75) ;

« 10° Une agathe presque de ronde bosse représentant le buste de Tibère (76) ;

« 11° Une agathe onix à trois couches représentant le buste de Tibère en camée (77) ;

« 12° Une petite cuvette de jade vert (78) ;

« 13° Un manuscrit sur vélin pourpre, en caractères d'or et d'argent contenant les
« quatre Évangiles ;

« 14° Un autre manuscrit sur vélin contenant des liturgies avec des notes. »

Dans cette liste, on ne voit qu'un seul des objets représentés sur nos trois aquarelles :
le calice de Suger qui a le n° 7. Les deux autres ne furent enlevés de l'abbaye qu'à la fin
de l'année 1793.

Cependant, ce premier prélèvement au préjudice du Trésor, avait soulevé une vive
émotion à Saint-Denis.

« Pendant que nous procédions à l'exécution de notre commission, MM. le maire et
« procureur de la commune de Saint-Denis ont fait la réquisition suivante :

« Qu'ils ne connaissoient le décret dont il s'agit que par les papiers publics qui an-
« nonçoient seulement l'enlèvement du Trésor et le transport à Paris de quelques médailles
« et autres pièces antiques, et qu'ils ne les connoissoient même pas encore ; que si la
« commune eût pensé qu'il seroit retiré du Trésor touttes les pièces précieuses cy-dessus
« décrites, elle se seroit empressée de présenter une pétition à l'Assemblée nationale, à
« l'effet de la supplier de retirer son décret, dont l'exécution fait un tort d'autant plus
« considérable à la ville de Saint-Denis, que les Antiques qui viennent d'être retirés du
« Trésor sont précisément celles qui attiroient beaucoup d'étrangers et de savans à
« Saint-Denis, qui s'y arrêtoient pour y dîner, coucher et même y séjourner et y faisoient
« une consommation dont cette ville va se trouver privée ; que ses habitans méritent
« d'autant plus la sollicitude de l'Assemblée nationale, qu'ils perdent par l'effet de la
« Révolution tous les avantages dont cette ville jouissait, sans être indemnisé par aucun,
« ce qui opère une émigration déjà très considérable ; qu'en conséquence sans entendre
« s'opposer à l'exécution de la loi, ils prient cependant Messieurs les commissaires du
« Département de vouloir bien suspendre leur mission jusqu'à ce que la commune ait fait
« parvenir ses réclamations à la prochaine législature, de la justice de laquelle elle ose
« espérer la suppression d'un décret qui achève de ruiner Saint-Denis sans enrichir la
« capitale... » (79).

Le transfert fut effectué néanmoins. Mais la ville de Saint-Denis ne cessa de protester. Le 14 mai 1792, le maire remit à M. d'Ormesson, bibliothécaire du Cabinet des Antiques la note suivante :

« La ville de Saint-Denis verroit avec peine la suppression de ce Trésor ; il attire et
« retient dans ses murs les curieux et les étrangers ; la religion de ses habitans en seroit
« alarmée ; elle l'a été par le déplacement de quelques monumens profanes qui en ont déjà
« été distraits pour être placés au Cabinet des Médailles ; elle pourroit l'être encore par la
« nouvelle distraction que l'on propose. Mais on préviendroit cette inquiétude en réunis-
« sant à ce Trésor, par un décret particulier, celui de la Sainte-Chapelle qui n'y est déposé
« que provisoirement, par ordre du Roi, et qui par le nombre et par l'importance des
« pièces dont il est composé, doubleroit la collection de Saint-Denis. On pourroit aussi
« y replacer quelques-uns des objets qui ont été apportés mal à propos au Cabinet des
« Médailles, et auxquels la ville de Saint-Denis attache une grande valeur, tel que le vase
« connu sous le nom de calice de l'abbé Suger (80). »

Le calice était à Paris, à la Bibliothèque, il y resta au moins quelques années. Il fut volé avec plusieurs autres objets dans la nuit du 16 au 17 février 1804 (81).

Nous avons deux récits quelque peu différents de cet événement, l'un de Marion du Mersan, l'autre de Millin.

« Un malheureux événement marqua cette année [1804] ; ce fut le vol de quelques-uns
« des plus beaux monuments du Cabinet qui eut lieu dans la nuit du 16 au 17 février. Ce
« vol fut exécuté d'une manière très hardie. Le principal personnage de l'association était
« un nommé Giraud, qui avait pour complice un cocher de fiacre dont la voiture arrêtée au
« coin de la rue Colbert avait amené une de ces longues perches de maçons qui servent
« aux échafaudages. La perche fut dressée dans l'angle du bâtiment, et le voleur se hissa
« au moyen d'un moufle, jusqu'à la hauteur de la croisée du Cabinet. Malheureusement, il
« n'y avait pas alors de corps de garde, et les croisées n'avaient point de volets. On a pris
« depuis les précautions convenables pour éviter de pareils accidents. Le voleur brisa une
« vitre, s'introduisit dans le Cabinet et enleva les objets les plus précieux ; l'agate de la
« Sainte-Chapelle, le vase des Ptolémées, la couronne d'Agilufus, le calice de l'abbé Suger,
« et plusieurs vases d'agate provenant du trésor de Saint-Denis, le poignard de François Iᵉʳ
« enrichi de camées sur coquilles ; deux couvertures d'évangéliaires en vermeil, un
« diptyque d'ivoire. Sa cupidité même trahit ses espérances, car les monuments célèbres
« dont il s'était emparé furent reconnus en Hollande par la personne à qui il voulait les
« vendre. Les voleurs furent arrêtés et subirent, au bagne, la peine de leur crime. Giraud
« avait voulu tromper ses associés : il avait détourné la coupe des Ptolémées qu'il avait
« été cacher dans le jardin de sa mère, honnête paysanne du village d'Ormoy, près Laon,
« où ce monument fut retrouvé enterré sous une haie. »

« Ces objets furent restitués au Cabinet au mois d'avril de la même année, excepté la
« couronne d'Agilufus, qui avait été fondue, ainsi que les montures des vases et celle de
« l'agate de la Sainte-Chapelle ; le calice de l'abbé Suger qui fut vendu à M. Townley... et le
« poignard de François Ier, dont on n'a jamais eu de traces non plus que du diptyque » (82).

Dans un autre passage du même livre (83), Marion du Mersan affirme que le calice de
l'abbé Suger fut « acheté des voleurs par M. Townley, riche anglais, amateur d'antiquités,
« qui, à sa mort, l'a légué au Musée Britannique où il est maintenant. » Or on ne connaît
pas au British Museum le calice de Suger. Si c'est une erreur de Marion du Mersan, elle
n'est pas unique : dans le paragraphe même qui contient l'affirmation précitée, l'auteur
dit que notre calice et autres objets furent apportés au Cabinet des Antiques vers le commencement de 1791, nous avons vu cependant que le transport eut lieu le 30 septembre,
et que le procès-verbal en était conservé aux archives du Cabinet. De plus, c'est à Rozoy-
sur-Serre et non à Ormoy, près Laon, comme le dit Marion du Mersan, que fut retrouvée la
coupe des Ptolémées (84).

Voici, d'autre part, le récit de Millin, alors conservateur du Cabinet :

« Un voleur, nommé Charlier, avait conçu depuis longtemps le projet de faire un grand
« coup dans le Cabinet des médailles ; il vint pendant plusieurs mois visiter le Cabinet les
« jours où il est ouvert au public. Il voulut d'abord y faire une explosion avec un petit
« baril de poudre et profiter du désordre qui en serait la suite, pour commettre son crime.
« Mais prévoyant combien une pareille entreprise serait dangereuse pour lui-même, il
« résolut d'enlever par escalade les objets précieux dont il désirait s'emparer. Il vit bien
« qu'il ne suffirait pas lui seul pour commettre son crime ; il s'engagea dans la garde de
« Paris pour trouver un complice et il réussit ; il fit en outre entrer dans ce complot un
« cocher de place ; celui-ci attacha sous sa voiture une écoperche qu'il enleva furtivement
« de l'échafaud d'une maison qu'on bâtissait rue de Pologne, et la transporta ainsi à
« l'endroit où l'escalade devait avoir lieu ;... Charlier monta, après avoir mis un cadenas à
« la porte du corps de garde des pompiers, qui est sous l'arcade, afin d'avoir le temps de
« se sauver, s'il prenait fantaisie à quelqu'un d'eux de sortir. Pendant que celui-ci
« enfonçait les vitres qu'il avait garnies de poix pour empêcher les morceaux de tomber,
« le fiacre fit quelques tours avec sa voiture, et détourna l'attention des voisins. Le vol fut
« consommé et les voleurs se sauvèrent. »

« L'affaire de Georges (Cadoudal) absorbait alors toute l'attention de la police, et le
« crime de Charlier demeura longtemps inconnu. Celui-ci eut même la hardiesse de venir
« visiter le Cabinet pendant deux mois de suite, presque chaque jour, et de s'amuser aux
« dépens des employés, des conjectures qu'ils formaient sur le véritable auteur du vol.
« Pendant ce temps, Charlier et son complice obtinrent leur congé de la garde de Paris et

« alors ils partirent pour la Hollande. Pour déguiser les objets volés, les perles, les
« pierres précieuses furent déchaussées et les montures dorées furent fondues. Trois
« pièces d'un assez grand prix mais de peu d'importance pour l'art, la coupe de l'abbé
« Suger, un vase de belle sardoine en forme de nacelle et long d'environ six pouces, furent
« vendues à un très bas prix à M. Townley en Angleterre, où on les avait fait passer dans
« un buste de plâtre du Laocoon. Charlier n'eut pas dans Amsterdam la même prudence
« qu'à Paris ; il y voulut vendre les objets qu'il avait volés et les fit voir comme de grandes
« curiosités. M. Gohier alors consul à Amsterdam en eut avis ; il reconnut l'agate qu'il
« avait vue peu de temps avant la dissolution du Directoire, et il s'adressa à l'ambas-
« sadeur, M. de Sémonville, qui fit arrêter les voleurs. »... Millin raconte ensuite comment
le voleur avait voulu frustrer ses complices en cachant le vase des Ptolémées, comment
ce vase fut retrouvé : « Ce vase est rentré au Cabinet ; le grand camée a été renvoyé à
« Paris et réintégré dans sa place, le pied d'or du vase de Ptolémée, celui de la coupe de
« l'abbé Suger et le cadre d'or du grand camée ont été fondus (85). »

Si, par la fonte du pied d'orfèvrerie, le calice de Suger était réduit à la coupe de
sardonyx, peut-être a-t-il pu entrer au Bristish Museum sans être reconnu ?

Quant au reste du trésor, qui avait été provisoirement laissé à Saint-Denis, il fut porté
à Paris le 22 brumaire an II. Le 15 frimaire (5 décembre 1793) furent remis aux commissaires du Museum Regnault et Jollain les objets jugés dignes d'être conservés (86). On y
distinguait ceux qu'avait donnés Suger : le vase de porphyre, l'aiguière d'agate, le vase de
cristal ; on voyait aussi la patène de serpentine, toutes pièces maintenant encore gardées
au musée du Louvre. On remarquait aussi le calice de cristal, dit de Saint-Denis, et la fiole
d'agate, qu'on peut suivre d'inventaire en inventaire depuis celui de 1505 jusqu'à la
Révolution.

Maintenant, le calice de cristal et la fiole d'agate ne sont plus au Musée. Ils furent
compris dans un lot d'objets d'orfèvrerie d'église mis en vente en messidor an VI. Voici
les extraits de procès-verbaux de l'administration du Musée central des Arts, relatifs à
cette vente, que mon confrère M. J.-J. Marquet de Vasselot a bien voulu me communiquer (87).

« 72ᵉ *séance. 18 vendémiaire an V*

« Le Directeur général de l'Instruction publique prévient l'assemblée que le Ministre
« des finances vient d'écrire à celui de l'Intérieur pour lui soumettre la proposition qu'il a
« faite de vendre la partie d'argenterie d'Église dont le Muséum est dépositaire et d'en
« affecter le produit à des besoins pressans. Mais avant de présenter cette affaire à l'appro-
« bation du Ministre de l'Intérieur il désire connaître la nature et la valeur (au moins par

« apperçu) des objets qui pourront être vendus. En conséquence, il invite l'administration
« à lui en envoyer un état dans le plus bref délai.

« Le Conseil d'administration arrête que cet état sera dressé et transmis au directeur
« général, conformément à sa demande. » (P. 141-142.)

« 75ᵉ séance, 28 vendémiaire an 6 »

« Le Conseil arrête qu'il s'assemblera le 2 brumaire, à 8 heures du matin, pour
« examiner les objets d'argenterie qui peuvent être vendus sans aucun préjudice pour l'art
« et l'étude, en vertu de la demande du Directeur général de l'Instruction publique, que le
« citoyen Le Brun, commissaire-expert, sera invité à s'y trouver. » (P. 145.)

« 146ᵉ séance, 28 prairial an 6 »

« On fait lecture d'une autre lettre du ministre de l'Intérieur ; il informe l'administra-
« tion que le ministre des Finances vient de le prévenir que la vente des objets déposés au
« Muséum et qui lui ont été présentés comme inutiles à l'instruction publique, se fera très
« incessamment dans une des salles du Musée, par le citoyen Sicard, en présence du
« citoyen Delafosse qu'il a nommé pour la surveiller. Sitôt la vente terminée, le produit
« en sera versé à la trésorerie nationale, déduction faite des frais, et le ministre des
« Finances proposera alors au Directoire d'en comprendre le montant dans ses distributions
« décadaires, pour qu'il puisse l'ordonnancer au profit du Musée.

« Le Conseil arrête que les objets marqués et inventoriés pour être vendus, seront
« remis au citoyen Delafosse sur récépissé et qu'on s'entendra avec lui sur le local le plus
« convenable pour faire cette vente. » (P. 278.)

« 147ᵉ séance, 3 messidor an 6 »

« Les citoyens [sic] Sicard, huissier priseur nommé par le ministre des Finances, pour
« faire la vente des objets inutiles à l'instruction qui sont déposés au Muséum, se présente
« au Conseil (le citoyen Delafosse étant absent) pour s'entendre avec lui sur le jour à fixer
« pour cette vente et sur l'emplacement où elle se fera ; les lettres des ministres de l'Inté-
« rieur et des Finances portant qu'elle aurait lieu dans une des salles du Musée.

« Le citoyen propose, vu les formalités qui restent à remplir, de fixer cette vente
« pour le 17 messidor, époque qui est généralement reconnue comme la plus prochaine.
« Le Conseil y acquiesce.

« Il est de même reconnu qu'il y a impossibilité de faire cette vente dans l'intérieur

« du Musée, l'Administration n'ayant aucune place assez vaste pour recevoir le public. Un
« membre indique la Salle d'anatomie au Louvre, qui est vacante en ce moment par la
« suspension des cours, et est disposée de manière à recevoir le public; mais pour en avoir
« les clefs, il observe au Conseil qu'il faut une lettre du ministre au surveillant des écoles
« pour l'autoriser à les remettre provisoirement à l'Administration.

« Le Conseil reconnaît que cette salle est en effet plus propice à cette vente, et arrête
« qu'il sera écrit au ministre ou au chef de la 5e division de son ministère, pour qu'il
« autorise le citoyen Renou à remettre les clefs de cette salle; après quoi le citoyen Sicard
« se retire. » (P. 1.)

« *149e séance, 8 messidor an 6* »

« Le ministre de l'Intérieur prévient le Conseil qu'il a autorisé le surveillant des Écoles
« de peinture et sculpture, à livrer pour la vente des objets inutiles à l'instruction, la
« salle des cours d'anatomie au Louvre. » (P. 5-6.)

« *154e séance, 25 messidor an 6* »

« Le Conseil arrête qu'on joindra à la vente qui se fait des objets inutiles à l'instruc-
« tion, deux cabinets garnis de bronze et colonnes torses, ouvrage de Boule, provenant de
« l'émigré... et apportés du Dépôt de Nesle. » (P. 10.)

« *166e séance, 3 fructidor an 6* »

« Sur l'observation d'un Membre qu'il est instant de solliciter des fonds pour les
« restaurations que les tableaux arrivés d'Italie vont nécessiter, et que les préparatifs de
« leur exposition dans le grand Sallon vont occasionner, le Conseil arrête qu'il sera écrit
« au Ministre de l'Intérieur pour lui demander de répartir entre l'Administration du Musée
« et l'architecte des bâtiments chargé de la préparation des salles destinées aux antiques,
« la somme de trente-quatre mille francs provenant de la vente faite de bijoux inutiles à
« l'art et à l'instruction, extraits des Dépôts du Musée; qu'il lui sera rappelé que l'Admi-
« nistration en offrant une partie du produit de ces objets pour le commencement de ces
« travaux, en avait sollicité l'autre pour la continuation de ceux commencés pour l'exposi-
« tion des tableaux dans la grande galerie et pour les restaurations (page 23). »

Le calice de Saint-Denis et la fiole d'agate furent compris dans la vente, ainsi qu'en
fait foi le document suivant, tiré des archives des Musées Nationaux (M. 15), qu'a bien
voulu nous communiquer M. Morand.

« Un calice en cristal de roche, garni et doublé en argent doré, enrichi de dix-neuf

« perles, telles que grenats et amétistes, le tout évalué. . . . .   72 tt.

   « Provenance : Saint-Denis.

   « N° de l'inventaire du Musée : 73.

   « N° de la prisée : 7.

   « Un petit vase de forme lacrimatoire en agathe sardonix, monté sur un pied en « argent doré; cassé en plusieurs morceaux; estimé . . . .   50 s.

   « Provenance : Saint-Denis.

   « N° de la prisée : 8.

   « Remis le 24 messidor, an 6, à l'Administration des domaines, pour être vendus au profit de l'établissement. »

Calice de Suger. — Hauteur du dessin.	0,269	Largeur.	0,205
Calice de Saint-Denis — —	0,178	Largeur.	0,149
Fiole d'agate — —	0,210	Largeur.	0,141

LE TRÉSOR DE SAINT-DENIS

II

L'ÉCRIN DE CHARLEMAGNE

Le dessin reproduit à la planche IX ne fait pas partie du cabinet Peiresc. Nous le publions cependant ici parce qu'il présente l'image fidèle d'un des plus célèbres joyaux du trésor de Saint-Denis, maintenant détruit, ou peu s'en faut, comme ceux dont il a été parlé ci-dessus (88).

Découvert il y a quelques années dans les cartons du Cabinet des Estampes par M. Raffet, conservateur adjoint, il fut signalé par M. J.-J. Marquet de Vasselot à la Société nationale des antiquaires de France, le 22 juin 1898. Émile Molinier s'en servit mais sans le reproduire. C'est une aquarelle de grandes dimensions (larg. à la base 0^m,37, haut. 0^m,56) faite avec soin, avec minutie même, évidemment plus exacte que le petit croquis de Félibien (89). Elle nous montre un objet d'orfèvrerie auquel la tradition donne le nom d'*escrain* ou d'*oratoire de Charlemagne*.

Qu'il ait, ou non, appartenu à Charlemagne, qu'il ait été, ou non, donné à l'abbaye par Charles le Chauve, comme le dit l'auteur des Grandes Chroniques, ce joyau reposait déjà au neuvième siècle dans le trésor. Un texte de ce temps-là rédigé à l'abbaye même, le décrit de façon claire (90) :

In gipsa super altare sunt arcus XII, hubi habentur bandelli rotundi XII. Arcus majores IIII^{or}, hubi habentur coronulæ IIII^{or}. Item arcus VII, hubi habentur bandelli cornuti VI et unus jacinctus cum tobatio superius posit [us] in medio. Item arcus III cum bandellis cornutis majoribus II, et in medio anulum cum jacincto, et desuper bandellum dependentem cum berillo. Arcus minores II, hubi habetur anulus in medio cum smaragdo, et desuper

bandellus cum berillo, et ex utraque parte duæ cruciculæ. Et in superiorem arcum habetur
anulus cum smaragdo, ceteris nobilior. Et de (?) superiorem arcum dependent ex utraque
parte duæ cruciculæ minores, [et be] rilus cum lapidibus auro optime insertis ».

Le même oratoire de Charlemagne est ainsi décrit dans les Grandes Chroniques :

« Avec ce donna (Charles le Chauve) ung merveilleusement riche joïel, si riche et si
« précieux qu'à peine le pourroit-on aprisier, tout fait de saphirs et de rubis et d'émeraudes
« et d'autres manières de pierres enchâssées en or. Si est joint par trois ordres l'une sur
« l'autre et est mis sur le maistre autel aux grans festes et est assis en un siège précieux.
« C'est à savoir : un vaissel de pur argent par dedans et par dehors, soubtilement ouvré et
« couvert de bandes d'or, aorné de grans saphirs et fins, de grosses émeraudes et de gros
« perles et dedans ce vaissel est scellé le bras de saint Apollinaire le martir, qui fut le
« premier archevesque de Ravenne et disciple saint Père (91). »

C'est au quatorzième siècle, sous l'abbé Philippe de Villette (1363-1398), que fut exécuté
ce « vaissel de pur argent », ce « siège précieux » en même temps châsse et soubassement
dont parlent les Grandes Chroniques. Une inscription rapportée par Félibien en fait foi, et
d'ailleurs, l'aquarelle du Cabinet des Estampes permet de discerner les styles si différents
de la partie inférieure et des ordres d'orfèvrerie gemmée qui la surmontent. Selon Molinier,
le joyau supérieur de l' « oratoire », aurait été restauré au quatorzième siècle : « Si les bates
« à gouttières qui sertissent les saphirs sont bien de l'époque carolingienne, on ne saurait
« adopter l'opinion de Viollet le Duc en ce qui concerne les montures des grosses perles :
« les griffes découpées en forme de fleurs de lis qui les emprisonnent à leur base, les
« petits écrous découpés en fleurettes qui se vissent à l'extrémité des tiges métalliques
« qui les transpercent de part en part, appartiennent à la technique du quatorzième siècle
« et non à celle du neuvième. Les griffes d'orfèvrerie employées pour la sertissure des
« pierres à l'époque carolingienne sont d'un style très différent et n'ont point cette
« sécheresse et cette précision. Sans doute plus d'une autre partie de ce monument fut
« restaurée à la même époque... Il n'était toutefois peut-être pas inutile de signaler la petite
« erreur qui consisterait à considérer comme caractéristiques du neuvième siècle, des
« montures de la fin du quatorzième siècle (92). »

E. Molinier fait encore observer au point de vue des pierreries employées que « comme
« dans la plupart des monuments d'orfèvrerie carolingienne, les perles, les saphirs, les
« rubis, les émeraudes surtout dominaient dans l' « écran de Charlemagne », et, à propos
« de l'objet lui-même, il note que sa « construction offre de grandes analogies avec certains
« dessins des manuscrits carolingiens dans lesquels les arcatures en plein cintre, auxquelles
« sont suspendues soit des lampes soit des couronnes votives, sont absolument de style.
« On peut ici constater une fois de plus l'influence si marquée des miniaturistes et des dessi-

« nateurs chargés de l'illustration des manuscrits sur tous les produits industriels de la
« même époque (93). »

Dans l'inventaire du trésor de Saint-Denis, rédigé en 1505, l'oratoire de Charlemagne
est décrit et prisé :

« Un reliquaire d'or nommé l'Escrain Charlemagne, son entablement d'argent doré,
« et dedans iceluy entablement trois otz : l'un du bras St-George, l'autre de sainct Théo-
« dore et le tiers de sainct Appolinaire, garny d'aigues marines, saphirs, fueilles de gre-
« nat, amatistes, cassidoynes, esmeraultes, presmes d'esmeraultes, rubbis, touppasses,
« perles et doubletz, prisé six mil troys cens vingt troys escuz douze sols parisis (94). »

A l'époque des grandes ventes révolutionnaires, il fut, nous le verrons plus loin, envoyé
à la Monnaie pour être fondu. Seul le joyau supérieur fut excepté comme monument de
l'art et porté, le 30 septembre 1791, au Cabinet des Antiques de la Bibliothèque du Roi, où
il repose encore aujourd'hui (95).

Ce joyau a été publié en une magnifique planche, décrit et commenté par M. Babelon (96).
C'est une aigue-marine bleue orientale, ou, selon Kœhler, un cristal de roche. Comme
nous l'avons vu, la monture de l'époque carolingienne, aurait été restaurée au quatorzième
siècle. Sur la pierre est figuré le profil de Julie, fille de Titus. La comparaison avec les
médailles de Julie, fille de Titus, écrit Chabouillet (97), ne permet pas de conserver de
doute. « Cette pierre porte une signature, celle d'Evodus, artiste grec dont on connaît encore
« deux pierres signées, une sardoine représentant une tête de cheval qui a passé du cabinet
« du baron de Schellersheim dans celui du baron Roger, et une cornaline représentant une
« muse rapportée par Raspe, t. I, n° 3448. » « Son œuvre, écrit Babelon, paraît avoir joui
« d'une grande réputation dans l'antiquité même, si l'on en juge par les nombreuses répliques
« qu'on en a exécutées. Le Cabinet des Médailles possède à lui seul trois autres intailles
« antiques qui reproduisent mais sans la signature, l'œuvre d'Evodus. Le nom de cet
« artiste est gravé aussi sur quelques pierres modernes. » Sur notre pierre, la signature
se voit derrière la tête de Julie, ΕΥΟΔΟΥ ΕΠΟΙΕΙ.

Le saphir placé exactement au-dessus de la tête de Julie porte gravés, d'un côté un
dauphin, de l'autre le monogramme ⳩. « Maladroitement disposé de côté, ce mono-
« gramme grec nous fournit la preuve évidente que les saphirs de la monture sont d'ori-
« gine byzantine, et nous saisissons sur le fait un des procédés de l'orfèvre du moyen âge
« qui enlève à d'autres monuments leur parure pour l'approprier à ses œuvres personnelles.
« Ici l'adaptation concorde à merveille avec le nom chrétien qu'on voulait donner à la belle
« tête de femme gravée par Evodus. En effet, le monogramme où l'on reconnaît comme
« incontestables la croix et les lettres ΑΜΘΧ peut se décomposer en ΑΓΙΑ ΜΗΤΗΡ ΘΕΟΥ
« ΧΡΙΣΤΟΥ ou quelque formule de ce genre, pareille à celles qui sont ordinaires sur les

« bulles et les sceaux byzantins. A l'imitation d'un bon nombre de camées antiques, notre
« gemme reçut une attribution chrétienne : le portrait de Julie, fille de Titus, passa pour
« celui de la Vierge Marie. Ainsi s'explique la présence de ce joyau au sommet du reli-
« quaire appelé l'oratoire de Charlemagne (98). »

Si le camée d'Evodus dut quitter le trésor où il reposait depuis mille ans, ce fut pour
trouver dans un autre trésor la même piété due à son antiquité vénérable. Le reste du reliquaire devait avoir une tout autre destinée.

Transporté à Paris, le 22 brumaire an II, il ne trouva pas grâce auprès des délégués de
la commission temporaire des arts :

« Tout bien considéré, les membres de ladite commission ont arrêté qu'il serait
« nommé un artiste pour dessiner l'espèce de reliquaire provenant du district de Franciade
« et nommé écrin ou oratoire de Charlemagne, afin que les pierreries et l'or qui le com-
« posent puissent tourner en emploi utile à la nation. De tout quoi ils feront rapport à la
« commission dont ils sont membres pour qu'elle nomme l'artiste qu'elle jugera capable
« d'exécuter ce dessin. » (17 floréal an II) (99).

Le 20 floréal, la commission décidait : « La section de peinture est chargée de faire
« dessiner le plan de l'oratoire de Charlemagne. Cette pièce sera envoyée à la fonte après
« que les pierreries qui lui servent d'ornement en auront été distraites (100). »

Le 10 fructidor, « le citoyen qui a été chargé de dessiner l'oratoire de Charlemagne
« présente son travail ; la commission y applaudit, l'engage à l'achever par l'apposition des
« couleurs (101). »

Le 19 fructidor « le démontage des pierreries adhérentes à l'oratoire de Charlemagne
« a eu lieu... ». Le 21 fructidor il fut achevé.

L'aquarelle que nous publions me paraît être le dessin même exécuté par ordre de la
commission temporaire des arts. La contexture du papier, l'aspect même du dessin décèlent
une œuvre de la fin du dix-huitième siècle. Mais mon hypothèse est aussi fondée sur une
observation d'un autre ordre. Si l'on considère avec quel soin, quelle minutie même sont
représentées les différentes parties de l'objet, on a l'impression que l'artiste a copié ser-
vilement son modèle. Or, le portrait de Julie et sa monture sont dessinés de façon tout à
fait inexacte. Les perles sont beaucoup trop petites, si on les compare aux saphirs. De plus,
sur notre dessin, on ne voit qu'un saphir au point d'attache de la pierre et du reliquaire,
au lieu des deux saphirs qui sont dans la réalité. Puis le portrait de Julie est figuré par
une tête de fantaisie. Enfin la signature d'Evodus n'est pas reproduite à sa place ; elle
est sous la tête et non derrière elle comme il faudrait. Il faut noter aussi que des quatre
inexactitudes que nous venons de relever, les deux premières se voient aussi dans le
croquis de Félibien. Il semble donc que le dessinateur n'ait pas eu sous les yeux la

pierre gravée d'Evodus quand il copiait l'Escrin de Charlemagne, et qu'il ait suppléé à son absence en s'inspirant du mauvais dessin de Félibien (102). Or, la pierre avait été détachée de l'Escrin le 30 septembre 1791 pour être portée à la Bibliothèque. C'est donc entre cette date et le 19 fructidor an II que l'artiste travailla. En ce cas, n'est-il pas vraisemblable que son œuvre, maintenant conservée au Cabinet des Estampes, est celle-là même qui fut exécutée sur l'ordre de la commission temporaire des arts, dont elle perpétue le vain remords.

Hauteur. 0,573   Largeur. 0,412

NAVETTE A ENCENS ?

Je n'ai pu établir l'identité de l'objet reproduit à notre planche X d'après une aquarelle conservée au fol. 98 du tome I. Il a ceci de singulier d'être monté sur un pied d'orfèvrerie presque identique au pied qui porte le vase de porphyre à tête d'aigle donné par Suger à Saint-Denis (Voy. notre pl. XI). Je n'en ai pas trouvé mention dans les inventaires du trésor de l'abbaye. D'autre part, je n'ai pas vue citée notre aquarelle dans la correspondance de Peiresc; elle n'est pas comprise dans le mémoire adressé à Peiresc par Guillemin, le 24 mai 1633, concernant les dessins faits sur son ordre. Et cependant il semble bien que ce dessin soit, lui aussi, l'œuvre de Daniel Rabel. L'aspect premier le ferait croire et l'observation minutieuse confirme cette impression.

Si l'on compare le pied du vase de porphyre (pl. XI) au pied du vase que nous étudions ici d'après l'aquarelle (pl. X), on note une différence. Dans le premier, les petites ailes d'or qui enserrent le fond du vase sont disposées normalement, la pointe en bas, l'attache en haut, tandis que dans le second ces ailes sont redressées la pointe en haut. Or, Daniel Rabel qui a copié à l'aquarelle le vase de porphyre (Cab. Peiresc, t. I, fol. 93) en a représenté le pied, non comme il est réellement, mais avec les mêmes caractéristiques que présente le dessin que nous publions à la planche X, c'est-à-dire avec les ailes non tombantes mais redressées. Sa copie est donc inexacte. Ne pourrait-on voir là l'indice d'une communauté d'origine entre les deux aquarelles, qui seraient toutes deux l'œuvre de Rabel ? Ici doivent s'arrêter mes conjectures. D'où venait ce curieux objet ? Quand fut-il monté ? Est-ce une œuvre du douzième siècle ? Faisait-il partie du mobilier sacré d'un couvent parisien ? Tous problèmes pour lesquels je n'ai pas de solution.

Hauteur. 0,185   Largeur. . . . . 0,188.

VASE DE ROQUELAURE

EN AGATE SARDONYX, CONSERVÉ A SAINT-PÉTERSBOURG (ERMITAGE IMPÉRIAL)

PSYCHÉ TOURMENTÉE PAR L'AMOUR

Les aquarelles conservées au fol. 97 du tome Ier de notre recueil et reproduites à notre planche XII me paraissent donner l'état ancien d'un vase, maintenant conservé à Saint-Pétersbourg, que M. Maxime Collignon décrit comme il suit : « Psyché tourmentée par l'amour. Tableau partagé en deux parties :

« 1re partie. — Sur le devant, Apollon assis et tenant de la main droite élevée le plectre, « de l'autre la lyre. Diane avec un cerf debout à côté d'elle. Derrière eux volent l'Hymen « avec le flambeau nuptial et Hébé. Tous deux regardent Apollon. A droite une jeune « femme élégamment vêtue et assise sur une chaise semble appeler près d'elle un génie ailé « qui lui apporte un alabastron. »

« 2e partie. — Un pin au pied duquel est agenouillée Psyché, les mains attachées « derrière le dos; ailes de papillon. Près d'elle un Éros armé d'un arc vise un papillon. « Un autre Éros attaque avec une torche un second papillon. Au-dessous un Éros dans « une coquille traînée par deux papillons. Au-dessous une fleur sortant du sol (103). »

Voici, d'autre part, le commentaire du même auteur : « Un vase de sardonyx, conservé à « Saint-Pétersbourg permet d'apprécier dans quelle mesure et avec quel esprit les artistes « anciens jouaient sur l'équivoque du nom de Psyché; il montre bien comment le thème « infiniment varié de l'âme tourmentée par les mille désirs de la passion est devenu le « motif de scènes très différentes qui ne se relient entre elles que par l'unité de l'idée « première. Le vase est très riche et gravé en relief. Kœhler l'attribue aux premiers temps « de l'époque impériale... La richesse de la matière, le prix du travail, le choix des sujets « qui se rapportent à une scène de mariage font supposer que ce vase était quelque cadeau « de noce. La scène de Psyché, des Éros et des papillons paraît être une simple allégorie

« galante où la passion a plus de part que les idées morales sur la destinée de l'âme…
« C'est la psychologie figurée de l'amour spirituellement exprimée, tantôt à l'aide de
« personnages, tantôt par des symboles très clairs et compris de tous (104). »

Ce petit vase était à Paris vers 1750 et appartenait à Jacques Guay, le célèbre graveur
en pierres fines. Ce dernier le communiqua au comte de Caylus qui le publia en 1756 avec
un commentaire dans son *Recueil d'antiquités* (105).

« Ce vase d'agathe de trois couleurs est représenté sur cette planche dans sa forme
« précise et dans sa grandeur exacte. Le volume et la qualité de la matière le rendent
« précieux, mais le travail ne répond pas à la richesse d'un semblable monument. Il est
« romain et le dessein en est sans finesse et sans beautés de détail ; je le crois fabriqué
« dans un temps où les arts négligés marchaient déjà vers la barbarie. » Suit la description
des scènes qui en couvrent la surface ; puis Caylus ajoutait : « Ce monument d'agathe
« avoit été dessiné très exactement dans un recueil manuscrit de Peiresc, conservé à la
« Bibliothèque du roi. Il a perdu une des anses depuis que cet homme célèbre l'a fait
« dessiner, car alors il en avoit encore une. On peut remarquer dans l'estampe les nais-
« sances de ces deux anses. Elles étoient prises dans l'épaisseur du morceau et formées
« simplement et quarrément sans excéder la hauteur et la largeur du vase. Dans le recueil
« de M. de Peiresc il est représenté monté en or et enrichi de pierreries, travail moderne
« qui avoit été fait sans doute pour sauver la difformité de la cassure ancienne. J'ai marqué
« par des points (n° II) la forme de l'anse qui subsistoit encore dans le dernier siècle. La
« monture dont il étoit orné et que nous a conservée M. de Peiresc, paroît avoir été d'un
« assez bon goût. »

« L'ouvrage pouvoit avoir été fait par nos orfèvres du temps de François Ier, car la
« France en a produit d'excellents, aussitôt après le renouvellement des arts. Ce morceau,
« selon toutes apparences, faisoit l'ornement du cabinet de nos rois. On peut lui comparer
« le vase du cabinet de Brunswick également d'agathe-onice et représentant un sacrifice
« à Cérès et à Bacchus ; on en trouvera la description dans le P. Montfaucon (106). Celui
« qui nous occupe a été vendu sans monture et donné pour un prix médiocre dans la
« dernière vente faite au Garde-Meuble en 1753 (107). M. Guai connu par son talent pour
« la gravure sur les pierres fines l'a retrouvé dans Paris et me l'a communiqué. Ce monu-
« ment méritoit d'être gravé tant à cause de sa richesse et de sa rareté que parcequ'il n'a
« point encore paru dans aucun recueil d'antiquités. Le vase est rapporté de sa grandeur
« exacte. » (Voy. notre planche XIII.)

Dans l'album de Peiresc, notre petit vase est aussi représenté sous quatre aspects, en
quatre petites aquarelles qui méritaient aussi d'être gravées. Une inscription placée, sans
doute par Joly, au bas de la feuille de montage est ainsi conçue : « Quatre faces d'un vase

« d'agathe-sardonyx représentant les quatre âges, dessiné par le Poussin pour le recueil
« de M. de Peiresc. Ce vase faisoit partie des préciosités du garde-meuble de la couronne
« qui furent vendues sous le ministère du cardinal de Fleury : maintenant il appartient au
« s' Le Guay, graveur en pierres du Roi. »

Que faut-il croire de l'attribution de ces dessins à Poussin ? Il est certain que de grands
artistes n'ont pas dédaigné d'exécuter de tels travaux pour obliger leurs amis. Une copie
du *Sacro Catino* de Gênes, conservée à la page 100 de notre recueil, a été attribuée à
Rubens, peut-être à tort; mais il n'est pas douteux que Rubens fit pour Peiresc une copie
du grand camée de la Sainte-Chapelle. L'attribution à Poussin de nos aquarelles paraissait
toute simple à Joly et d'ailleurs la grossièreté d'exécution des figures doit être le fait du
graveur de la pierre plutôt que celui du peintre copiste, si Caylus a raison de dire : « Le
« volume et la qualité de la matière le rendent précieux, mais le travail ne répond pas à la
« richesse d'un semblable monument... Le dessin en est sans finesse et sans beautés de
« détail. » Néanmoins cette attribution ne me paraît pas admissible : nos aquarelles furent
faites à Paris au commencement de l'année 1633, ainsi que va nous l'apprendre la correspondance de Peiresc, et Poussin habitait Rome.

C'est au mois de mars que Guillemin avait fait connaître à Peiresc l'existence de notre
petit vase qui appartenait alors à Mme de Roquelaure. Dans sa réponse, Peiresc ne cacha
pas sa joie : « Vous verrez par les lettres que j'escripts non seulement à M. de Sourdys,
« mais aussi à madame la marquize et encore à madame la mareschalle de Roquelaure sur le
« subject du nouveau vase d'agathe dont on vous a faict espérer la communication comment
« vous m'avez prins par le nez ainsin que la bonne moustarde, car si cez deux vases se
« trouvoient pareils ou relatifs de l'un à l'aultre, comme il ne serait pas impossible, et
« comme il m'est advenu en aultres choses de telle nature à peu prez, je n'auray point à
« marcher à tastons pour les deschiffrer l'un et l'aultre et l'un par l'aultre. Mais si vous
« n'en pouviez avoir d'empreinte je seroys bien mortifié... En somme, il fault que vous
« desployiez toute vostre rhétorique pour obtenir de ces dames que j'aye ce qu'il me fault
« de cet aultre vase [celui de madame de Roquelaure], avec quoy j'auray des assortimentz
« non pareils... » Guillemin doit être prudent; il va bientôt partir pour Bordeaux qu'il ne
parle pas encore de son départ : il faut « attendre l'issüe de l'affaire de Madame de Roque-
« laure de peur que cette appréhension ne donnant subject de diminuer la confiance qu'elle
« pourroit prendre en vous, en vous laissant son vase avec moing de regret que si elle
« entendoit que vous minutassiez un départ. Surtout ne laissez pas eschapper la chasse
« de ce dernier vase d'agathe s'il est possible, et d'y observer curieusement le dedans, et
« s'il a esté percé ou non par dessous, pour ne nous trouver en la peine d'y retoucher une
« seconde foys comme en celui de M. de Sourdys. Si feu M. le mareschal de Roquelaure

« vivoit, il auroit été bien aise de m'obliger en cette occasion de tout ce que j'eusse désiré
« de luy. » Aucune attention, même la plus puérile, n'est à négliger pour la rendre favorable :
« Je vous prie de faire cachetter avec de la soye platte de couleur telle que vous trouverez
« bon les trois petites lettres tant de M. et de Mme de Sourdys et de madame la mareschale
« de Roquelaure. Si vous pouviez apprendre les couleurs qui leur sont plus agréables, il
« n'y auroit pas de danger de les employer par préférence, principalement pour cez
« dames; sinon prenez de l'amaranthe (108). »

Cependant la négociation se faisait lente : « Quant au vase de madame de Roquelaure,
« écrit Peiresc le 25 avril, de quelque costé que nous en vienne la communication, il nous
« importe fort peu, pourveu que nous l'ayons plus tost que plus tard, à cette fin que vous
« ayez moyen de faire vostre voyage de Guyenne avec moins de regret, et ne seray poinct
« marry que vous y employez le crédit de M. le cardinal de Lyon (109)... »

L'idée était heureuse; par la haute influence de l'archevêque de Lyon frère du
cardinal de Richelieu, Peiresc eut à l'instant cause gagnée : « J'ay prins un merveilleux
« plaisir d'apprendre par vostre despesche du 22ᵉ du passé l'honnesteté avec quoy
« Monsieur le cardinal de Lyon vous avoit procuré et confié ce précieux vase de madame
« la mareschalle de Roquelaure dont je suis grandement fier et dont je n'ay pas voulu
« manquer de luy rendre mes remerciementz trez humbles, ensemble d'une fort honneste
« depesche qu'il m'a faicte de mesme datte que la vostre, sur les mesmes propositions
« qu'il vous avoit faictes de mon voyage en Cour... Il me tardera bien de voir les desseins
« que vous faictes faire de ceste pièce et encore plus le modèle de l'empreinte, sans laquelle
« il seroit peut être impossible de congnoistre et deschiffrer les figures que vous me
« descripvez. C'est pourquoy je vous conseille en toute façon de le faire mouller et de
« n'y rien appréhender, car la dextérité du Sʳ Sergent vous servira de bon garend,
« et quand aulcunes des petites pièces qui y sont enchâssées se désenchâsseraient, il ne
« vous manquera pas d'assez bons orfèvres pour les renchâsser aussy proprement que
« devant (110). »

Guillemin fit faire diligence au peintre et au mouleur, car, le 6 mai, Peiresc recevait le
paquet tant désiré : « J'ay receu par l'ordinaire vostre despesche du 29 pour supplément bien
« convenable a celle du jour précédent que le viguier de Brignole m'avoit rendue trois jours
« devant, avec les desseins, empreinte et modelle de ce vase d'onyce qui est inestimable à
« mon sentiment, et sur quoy j'avoys bien deviné ce que vous me dictes par votre dernière
« despesche de la deuxiesme ance, dont j'avoy descouvert les fondements sur l'empreinte
« soubs l'enchasseure du diamant et dont j'avoys délibéré de vous escrire pour y prendre
« garde de plus prez, de sorte que vous avez fort opportunément prévenu mes demandes
« pour ce regard et m'avez bien contenté en cette recherche, la mesure de cette pièce

« s'estant trouvée si juste pour le cyathe de XII drachmes, et si convenable au temps de la
« sculpture des camayeuls qui y sont gravez ainsin que l'empreinte le faict recognoistre,
« qu'il n'y reste rien à désirer, si ce n'est que si pour ne pas mespriser les offres du mar-
« quis de Sourdis vous acceptez de reprendre cette pièce, il fault voir de faire mouller à
« part en plomb, ou aultrement en plâtre ou en argille l'endroit qui respond à l'image de
« l'arbre, à cause que le métail a soufflé en cet endroict là, et m'a envié la veüe bien nette
« tant de l'Amour qui est en l'air que de l'autre qui a attaché et garrotté les bras de la
« pauvre Psyché sur ses reins, où est le plus notable mystère de toute la pièce que je pense
« pouvoir interpréter fort exactement, s'il plaict à Dieu. Je vous prie de voir aussy sur
« l'original, s'il n'y a aulcuns vestiges de rouages soubs le siège de cet autre Amour qui
« semble se vouloir faire traisner par deux papillons, pour faire qu'il soit sur un charriot,
« car je n'en ay rien peu recognoistre sur l'empreinte ne sur les desseins, lesquels en
« aucuns des 4 façades n'ont poinct bien représenté assez nettement la forme de la biche
« qui est auprez de la Diane, joignant son frère Apollon, lesquelz en cet endroict là ont
« quelque rapport au jour et à la nuit.

« Mais il y a une autre chose à bien considérer et faire examiner par des orfèvres bien
« expers, pour bien vérifier si le pied est tout d'une pièce, et d'une mesme nature de pierre
« avec le corps du vase, car oultre ce que vous me dictes qu'il n'a rien de creux par dessoubs,
« ce que les anciens ne faisaient jamais ; comme vous et moy avons deviné que la forme de
« l'une des anses du vase requéroit qu'il y en eusse une autre semblable de l'autre costé,
« je pense que par la mesme conséquence nous pouvons conclure que ce vase estoit de
« ceux qui n'avaient poinct de pied, et qui debvoient estre poinctus par embas, pour se
« pouvoir ficher sur des machines percées de la proportion requise pour les tenir debout.
« Les orfèvres ou lapidaires jugeront cela facilement sur la couleur ou transparance ou
« opacité de la pierre du pied, ou de la patte ou pathuron, plus ou moings brune ou espoisse
« en l'un qu'en l'aultre (111). »

Il ne m'a pas été possible de remonter plus haut et de saisir à l'origine le vase de
madame de Roquelaure ; je n'ai pu davantage déterminer quand et de quelles mains cette
œuvre antique reçut sa somptueuse monture.

Hauteur.	0,148	Largeur.	0,075
Hauteur.	0,150	Largeur.	0,073
Hauteur.	0,146	Largeur. . . . . . . , ...	0,070
Hauteur.	0,148	Largeur.	0,072

VASE DU MARQUIS DE SOURDIS

C'est dans une lettre du 6 février 1633 que je lis la première mention du petit vase reproduit à notre planche XIV, d'après les trois aquarelles conservées au fol. 96 du tome I de notre recueil. Guillemin l'a trouvé chez M. de Sourdis, et ayant annoncé sa découverte à son ami, Peiresc lui répond d'abord simplement : « Nous attendrons la suitte « de vostre négotiation au temps que vous en pourrez rencontrer les opportunitez. » Mais la curiosité le dévore ; il ne peut se tenir d'en parler encore avant de finir. Comme il a envoyé à Guillemin une lettre à l'adresse de M. de Roissy dans laquelle il donne son sentiment sur l'escuellon que ce seigneur lui a communiqué : « Je serais bien d'advis, dit-il, « que vous la fissiez voir non seulement à M. Aubery qui peult estre n'en sera pas marry, « mais encores à M. le marquis de Sourdy, s'il se veult rendre curieux de voir ce que je « tire de la communication de telles pièces. Et en toute façon suis bien d'advis que luy « monstriez l'escuellon de M. de Roissy pour luy fere voir la confiance que l'on prend en « vostre personne, comme en la mienne, pour tascher de le disposer à vous laisser faire « faire une empreinte de son larmoir qui sera sans doubte plus aisée que vous ne croyez. « Si vous aviez parlé au bonhomme M. Le Bay qui souloit demeurer prez les Jésuites, sur « la porte du faubourg Saint-Jacques, il vous y trouveroit tout aultant de facilité, comme « il en trouva de mouller le grand camayeul de la Sainte Chapelle, dont la plupart des « figures estoient hors de despouille, mais avec de l'argille bien délicate et bien molle, il « remplit les creux et le mit en despouille telle que vous avez veu. Si le marquis vous pre- « stoit son vase faictes le voir à M. de Roissy et à MM. Du Puy et Aubery. Si je le puis « voir, j'y trouveray des merveilles (112). »

Puis, écrivant à Menestrier, il lui fait part de sa joie :

« L'on me faict feste d'un larmoir d'agathe orientale, dont le fondz de couleur de « sardoine est chargé de plusieurs figures en camahyeul, de couleur blanche, où il se voit « des satyres et des centaures dont la partie du corps qui est humaine est de couleur « blanche, et de la ceinture en bas, ce qui est de la beste a de la correspondance à la

« couleur du poil des bestes. Il y a une Vénus avec son Cupidon que l'on dict estre très
« excellente et plusieurs autres figures, dont j'attendz le dessein et un modèle d'estain au
« premier jour (113). »

A Guillemin, il écrivait de nouveau le 14 février : « Vostre depesche du 4 de ce mois a
» bien chatouillé ma curiosité au plus haut poinct qu'elle le pouvoit estre par l'advis et
« ponctuelle description d'un si précieux vase que celluy que vous avez rencontré chez
« M. le marquis de Sourdis, ne doubtant pas que vous ne demeuriez en grande impatience
« aussy bien que moy, jusques à ce que vous m'en puissiez envoyer non seulement le
« dessein de M. Rabel et le juste modèle de sa contenance, mais aussy l'empreinte de tant
« de belles figures où je me prometz d'apprendre de si belles choses. Vous verrez en quelz
» termes je luy en escriptz avant que luy rendre ma lettre, espérant qu'il condescendra
« enfin, s'il ne l'a desjà faict, à laisser mouller ceste pièce, et possible à la vous confier à
« vous mesme pour en faciliter et accellerer l'expédition, ce que je désirerois bien, désirant
« que vous y employiez M. Flesche, puisqu'il a praticqué la façon de mouller de M. Rubens
« qui est si advantageuse, mais je vous prie d'y faire intervenir le frère de M. Suchet pour
« seconder et servir ledict M. Flesche et pour tascher d'apprendre quelque chose de sa
« façon et de son mestier en cela, dont nous pourrions un jour nous prévalloir de par deçà
« au retour de ce bon homme, et si M. Le Bay que j'ay aultres fois employé à mousler le
« camahieul de la Sainte Chapelle estoit en estat et en volonté d'y travailler je croy qu'il en
« viendroit aussy facilement à bout que de l'autre, avec le secours de l'argille qui luy
« servoit à remplir les creux de tout ce qui estoit hors de despouille, mais comme il estoit
« desjà bien vieil alors, je crains fort qu'il ne soit décedé ou bien envieilly pour y pou-
« voir travailler. »

La négociation réussit enfin et Peiresc reçut au milieu du mois de mars l'empreinte et
les dessins qu'il désirait. On va voir par la lettre qu'il écrivit alors à Guillemin que ces dessins sont bien ceux que nous publions d'après notre album :

« J'ay receu vostre depesche du XIe avec l'empreinte du vase de M. le marquis de
« Sourdys que j'ay trouvée fort bien faicte, aussy bien que les desseins de M. Rabel, dont
« je suis demeuré fort bien satisfaict, mais je regrette fort la perte du morceau de cet
« endroict que l'on a remplacé avec de l'or esmaillé de vert; j'ay prins grand plaisir de voir
« le résultat du mesurage que vous en avez faict que j'ay trouvé fort exact et digne de vostre
« humeur punctuelle aussy bien que la mienne, et sy le vase ne contient pas davantage
« que ce que vous dictes, et que j'ay trouvé dans vostre modèle de fer blanc, je m'en
« sçauray bien prévaloir, car cela respond à une mezure que les anciens nommoient
« *concha veneris* dont le seul nom vous fera bien juger la relation qu'il a avec les princi-
« palles figures gravées sur le dict vase, dont je ne désire pas pourtant que vous vous

« laissiez entendre à personne, car il me reste encores un grandissime scrupule de la vraye
« contenance que peut avoir eu anciennement ce beau vase, car je le trouve merveilleuse-
« ment gros et massif pour une si petite contenance et ne me puis quasi persuader qu'il
« n'y aye quelque équivoque provenue vraysemblablement de la nécessité qu'aura eu
« l'orphèvre qui en a rassemblé les fragmentz d'y mettre par dedans quelque plaque et
« possible du ciment ou autre matière propre à tenir en debvoir et en assemblage immo-
« bile les morceaux despecez et capables néantmoins d'occupper une partie du vuide de
« sa contenance qui pourroit bien avoir diminué la vraye et légitime mesure primitive ;
« c'est pourquoy j'eusse bien souhaitté que vous eussiez pu faire desmonter l'or, pour
« m'en pouvoir donner un esclaircissement certain, et vouldrois bien avoir esté esclaircy
« par mesme moyen sy le vase n'a jamais esté percé par le fondz aussy bien que par le
« dessus, ce qui se pourroit recongnoistre en desmontant le pied, ou bien en mettant par
« son orifice quelque bien menue bougie, qui fusse capable de faire discerner si le fin
« fondz du vase est de la pierre mesmes, ou bien de quelque métail, car je crains fort que
« ceste pièce n'ayt esté faicte pour aultre chose que pour un vase, auquel cas elle auroit
« deub estre percée par dessoubz aussy bien que par dessus, et je ne l'en estimerois pas
« guières moins principalement si le trou du fondz estoit aussy grand que celluy du
« dessus, et en ce cas tout ce creux seroit possible faict en forme de tuyau ou plustost du
« ventre d'un vase dont vous pourrez vous esclaircir avec quelque petite bougie faicte
« exprez ou bien avec quelque morceau de ce bois pourry qui esclaire comme des vers
« luysantz, que l'on pourroit mettre dedans plus impunément qu'une bougie allumée.
« M. du Moustier en aura vraysemblablement quelque morceau propre à cet usaige, et à
« faulte d'aultre chose on y pourroit pendre avec un fillet quelque morceau de poisson qui
« ne fusse point trop fraiz et principalement de la chair d'escrevisse de mer s'il s'en trouve,
« lesquelz font quasi le mesme effect que les vers luysantz, mais s'il estoit permis de
« desmonter l'or du pied de ce vase, on en pourroit bien parler plus asseurement et par
« conséquent plus pertinemment. Et si la pièce estoit à ma disposition je la ferois inconti-
« nent desmonter tout à faict pour la faire remonter à l'antique selon les proportions et
« façons qu'ils y sou[loient] observer et qui seroient plus propres et plus convenables à la
« forme de ce vase ; voire si M. le marquis de Sourdis faisoit son voyage de Provence et
« qu'il le voulusse apporter dans ses coffres et me laisser faire, je le luy ferois remonter
« comme il fault, et trouverois possible le moyen de faire réparer la plaque d'or (qui
« occupe une place dont le morceau est perdu) en sorte que je ferois continuer non
« seulement les pieds des figures mutilées et stropiées, mais le reste des vases et aultres
« choses que le premier graveur y pouvoit avoir représentées et qui pouvoient escheoir au
« subject et estre des appartenances de l'histoire ou de la fable qu'on y avoit voulu graver;

« et si ce vase estoit en main d'aultre personne sur laquelle j'eusse assez de crédit pour
« cela, je la ferois prier de me l'envoyer et me le confier pour quelque temps afin de me
« pouvoir exercer à le faire réparer comme il mérite et selon qu'il me seroit possible. Que
« si vous pouvez le tenir encores une foys je ne pense nullement qu'il y eusse du danger
« quand vous en feriez prendre un creux de plastre qui se despouille fort facilement quand
« on a remply avec de l'argille ce qui pouvoit estre creusé soubz esquierre, principalement
« quand on a l'intention de oindre le corps du vase, ou aultre figure que l'on veult
« mouller, non pas avec de l'huyle toute simple, comme l'on faict communément mais
« du savon destrempé dans de l'eau qui rend l'empraintre de plastre de si facile
« despouille, et si net qu'elle desrobe le lustre mesme de l'original quasi aussy bien que
« le souffre. Vostre M. Flesche pourroit fort bien faire cela, s'il vouloit, car je pense avoir
« recongneu au lustre de la main moullée que vous m'avez envoyée qu'il y a employé le
« mesme du savon. Toutesfois si vous jugiez qu'il y eusse trop de façon à entreprendre
« une empreinte entière, je me contenterois d'en avoir de particulières des principales
« figures qui seroient fort facile à prendre à part. Par exemple je serois bien ayse d'avoir
« ce satyre bien nettement représenté soit en plastre ou en souffre pour mieux recognoistre
« la forme de ce qu'il embrasse si c'est un sac de cuir de boucq ou aultre chose, car je
« ne l'ay pas sceu bien recognoistre dans les desseins et modèles que vous m'avez
« envoyez. »

« Je voudrois bien aussy une empreinte exacte de ceste figure assize qui est en verre
« [envers] du centaure pour voir ce qu'elle tient en ses mains un peu plus distinctement
« que je ne l'ay peu recongnoistre dans voz desseins et modèles, non plus que l'habille-
« ment de l'aultre figure qui luy met des grappes de raisins aux piedz. Je n'ay pas aussy
« bien peu recognoistre ce que tient aux mains la figure de femme qui tourne le dos au
« satyre, mais j'appréhende bien que ces Messieurs ne prennent à trop d'importunité mes
« demandes trop curieuses dont je vous supplie de leur faire mes excuses, ayant esté bien
« ayse de voir de l'ouvraige du frère de M. Suchet et d'entendre qu'il soit demeuré si satis-
« faict de cet employ dont je me tiens son obligé. En revanche de quoy vous luy pourez
« dire, puisqu'il monstre le désirer, que la pouldre blanche du Sr Sergent ne nous
« est point incongneue et qu'il la sçaura quand il vouldra, n'estant que de l'alabastre
« calciné et incorporé avec du sel tout simple, et d'aultres choses encores meilleures...

« J'oubliois de vous dire qu'à la bonne heure vous vous advisastes de mettre deux
« boittes l'une dans l'aultre, car elles n'ont pas laissé d'arriver fracassées, mais vous les
« aviez si bien garrottées, que les pièces de l'une n'ont pas laissé de tenir en debvoir
« les pièces de l'aultre, en sorte que quand je les receus, il sembloit que le tout fust gran-
« dement entier et conservé, mais quand j'euz couppé les fisselles, elles tombèrent toutes

« en pièces et n'y eut aultre inconvénient, si ce n'est que le petit modèle de fer blanc fut un
« peu escaché, mais il a esté bientost redressé Dieu mercy, et sur ce je finiray demeurant,
« Monsieur le Prieur, vostre affectionné serviteur et meilleur amy. De Peiresc (115). »

Il est vraiment regrettable que l'empreinte exécutée pour Peiresc n'ait pas été conservée, car, quoi qu'il en ait dit dans la lettre précédente, les dessins de Rabel ne le
satisfaisaient pas complètement :

« Sans l'empreinte que j'ay eu de celui de M. de Sourdys je n'en auroys sceu dire rien
« qui vaille, sur les simples desseins qui sont assez nettement faictz par le bon homme
« M. Rabel, mais soit que la veüe ne luy serve plus, ou que le chagrin de ses maux
« divertisse son attention et l'obeyssance de sa main à ce qu'il vouldroit faire, il a faict des
« choses qui ne sont nullement compatibles à ce que l'empreinte nous a faict paroistre,
« particulièrement en la figure de l'Adonis prétendu, où il a faict un chien à un lieu où
« l'espaule et le cousde sont très nettement apparants, avec un peu de drapperie au bout de
« l'espaulle derrière laquelle il se void je ne sçay quoy qui tient aulcunement de la teste
« d'un animal, mais si c'en est un, c'est d'une panthère plustost que d'un chien, car il n'a
« pas d'oreilles et a la gueule fort large. Et le vase qui est par dessoubz cette figure monstre
« bien que la panthère y seroit plus convenable qu'un chien. Le pix est qu'il a faict la
« figure de ce prétendu Adonis d'une posture quasi toute droicte au lieu qu'elle est quasi
« toute gisante et d'une excellante manière comme la Vénus, laquelle néantmoings il a
« desseignée en posteure fort constraincte et incompatible aux effetz de nature et de la
« portraicture aussy bien qu'au relief de l'agathe. L'aultre figure gisante qu'il a faicte
« comme un Bacchus enfant n'y est pas bien compatible, et sur l'empreinte paroit un
« homme faict et bien allongé et allaisé, quoy qu'en perspective. Tellement que je suis
« apprez d'en faire faire un dessein bien correct de la main de M. Fredeau, sur l'empreinte,
« à quoy néantmoings le dessein de M. Rabel ne laisra pas de nous servir beaucoup tant
« pour les couleurs de la pierre, que pour des endroicts où l'empreinte n'a pas peu venir
« assez nette (116). »

Un autre passage de la correspondance de Peiresc nous permet de conjecturer quelles
devaient être les dimensions de ce vase. Notre savant écrivait à Menestrier, le 5 mai 1633,
parlant de la petite fiole en verre bleu conservée maintenant au Cabinet des Antiques et
dont il va bientôt être question : « On ne l'estime pas moings que le précédent d'onyce
« [celui du marquis de Sourdis], encore qu'il ne soit pas d'un plus grand volume. » Or,
cette fiole a 55 millimètres de hauteur sur 32 millimètres de diamètre mesuré au pied.

Hauteur.	0,107	Largeur.	0,097
Hauteur.	0,125	Largeur.	0,089
Hauteur.	0,107	Largeur.	0,092

FIOLE EN VERRE BLEU

DU CABINET DES ANTIQUES

Les aquarelles qu'on voit au fol. 96 du tome I du cabinet Peiresc, et que nous avons reproduites sur notre planche XV présentent trois aspects d'une petite fiole maintenant conservée au Cabinet des Antiques et décrite par M. E. Babelon au n° 623 de son catalogue des camées antiques et modernes de la Bibliothèque nationale :

« Fiole en verre bleu foncé, sur le pourtour de laquelle se détachent, en pâte blanche,
« en relief, les figures suivantes : une procession de trois femmes s'avançant à droite ;
« elles sont vêtues à l'antique, de robes légères et flottantes ; la première porte, sur sa
« main gauche, un plateau rempli de fruits ; de la main droite baissée, elle tient les pattes
« de devant d'un chevreau qui grimpe sur elle. La seconde porte, des deux mains, devant
« elle, une draperie pleine de fleurs. La troisième enfin, a dans la main gauche un bouquet
« de pavots et d'épis. Au-dessus, une guirlande de fleurs soutenue par trois bucranes ;
« dans la zône inférieure, une suite d'enroulements fleuronnés, travail élégant de la
« seconde moitié du dix-huitième siècle, dans le goût pompéien. Le pied du vase est en
« émail bleu avec filet d'or. Le goulot manque ; la panse, brisée en de nombreux fragments
« a été restaurée, mais il en manque encore une portion dans la zône supérieure. Hauteur,
« 155 millimètres, diamètre du pied 32 millimètres (117). »

Depuis lors, M. Babelon a modifié son opinion sur la date de fabrication de ce petit objet. Il a vu dans un manuscrit de Peiresc que cet amateur l'avait eu en sa possession (118). S'il a en vue le recueil du Cabinet des estampes, nous devons observer que les dessins de ce volume nous montrent un bon nombre d'objets qui n'appartenaient pas à Peiresc, mais dont il avait désiré posséder l'image ; puis, il faut noter que notre recueil a subi des additions. Nos aquarelles, il est vrai, étaient déjà dans le volume en 1735 ; la fiole ne peut donc être une œuvre de la fin du dix-huitième siècle, mais elles pourraient avoir été intercalées entre 1667 et 1735, ou avant, par l'abbé de Marolles et, en conséquence, leur présence dans le recueil ne suffirait pas à prouver que Peiresc eût connu ce petit vase.

Cependant, je trouve, dans les lettres de Peiresc à Guillemin, quelques passages qui paraissent y faire allusion. Parlant d'une lettre reçue de Gault, le marchand d'antiquités, il écrit le 6 février 1633 : « Il m'a faict fête d'un larmoir du cabinet de Monsieur, frère du
« Roy, qui n'est que d'esmail bleu, mais enrichy de figures blanches en forme de camayeul,
« dont il se promet de vous faire avoir non seulement la veue mais aussy une empreinte
« dont je serois merveilleusement fier si vous en pouviez venir à bout, ou tout au moins en
« avoir le dessein et examen du mesurage, en quoy il faudra que vous employiez toute votre
« rhétorique envers ce M. de S‍ᵗ Jullian qui en a la garde, à qui je tascheray d'en escripre
« un mot à tout hazard pour tascher d'en capter et acquérir la bénévolence pour ce qui
« nous peut estre nécessaire en la présente occurrence (119). »

Gault, qui était en relations avec la maison de Monsieur, par son commerce d'antiquités, fit voir à Guillemin ce précieux objet, et la relation de Guillemin enflamma l'imagination de Peiresc et sa convoitise : « J'ay pris un grand plaisir à veoir la description que vous m'avez
« faicte de ce larmoir antique d'esmail, enrichy de si belles figures, qui sera bien. plus
« grand, Dieu aydant, lorsque nous aurons moyen d'en voir le dessein et le mesurage, et
« le seroit encore au double s'il s'en pouvoit avoir un peu d'empreinte de quelque façon
« que ce peusse estre, afin d'y pouvoir recongnoistre l'excellence de la manière et le temps
« à peu prez que l'ouvraige en pouvoit avoir esté faict, ce qui ne se peut pas imiter sur un
« simple dessein. Vous verrez ce que je lui en escripz sans le presser formellement, de
« l'empreinte du dict vase, de peur de luy estre par trop importun. Mais il pourra bien
« néantmoins recongnoistre que ce n'estoit pas sans juste cause que vous luy en aviez faict
« instance de ma part, et que, quand il m'en eust fait la faveur, il n'avoit point à appréhender
« d'en avoir du reproche de la part de son maistre, non plus que d'aulcun autre, estant
« et jaloux et ponctuel comme je suis à ne me point dispenser de rien des ordres de mes
« amis, et à ne me point vanter des faveurs que j'en reçois qui pourroient estre tirées à
« mauvaise conséquence par d'aultres, ce que j'ay tasché de luy inculquer sur le propos
« des camayeulx et aultres pièces sans parler du vase, et par mesme moyen lui ay parlé de
« les mettre en despouille quand ils n'y sont pas. »

Le 2 mai, Peiresc, découragé, s'exhortait à la patience et se préparait à recevoir le
« refus que lui ménageait, pensait-il, « le scrupule, pour ne dire la dureté de l'humeur de
« M. de S‍ᵗ Jullian (120) », quand il apprit qu'il avait cause gagnée. Là-dessus, lettre enthousiaste à Menestrier, qui était alors à Rome, bibliothécaire du cardinal Barberini :
« Au reste, il s'est trouvé deux autres vases antiques... [il parle d'abord de celui de
« M. Sourdis]... l'autre n'est que de verre bleu avec trois figures seulement en camahieu

« d'esmail blanc de lait comme celuy du cardinal del Monte, qui est maintenant de l'éminen-
« tissime cardinal patron [Barberini], mais cez trois figures sont accompagnées de tant
« de festons et autres enrichissementz, et le tout de si excellente manière, qu'on ne l'es-
« time pas moings que le précédent d'onyce, encores qu'il ne soit pas de plus grand volume.
« Je ne vis jamais rien de si exquis et sur quoy j'aye trouvé de si jolies observations à
« faire, ne à discourir de plus gentiles conceptions et inventions de cez anciens ouvriers
« m'en ayant esté octroyé toute la plus advantageuse communication que j'en pouvois
« désirer. On dict que celuy d'esmail est venu de Rome, auquel cas vous le pourriez bien
« avoir veu (121). »

Ne semble-t-il pas que ces lettres fassent allusion au petit vase du Cabinet des Antiques ? Nous pouvons d'ailleurs noter que le vase dont parle Peiresc appartenait à Monsieur, frère du Roi, et que justement, la collection de Monsieur est devenue partie intégrante du Cabinet des médailles et antiques. Ne serait-ce pas à lui que se réfère cette mention de l'inventaire des curiosités trouvées dans la bibliothèque du roi au mois de mai 1684 : « Un vase antique de verre bleu orné de figures de paste ? (122). »

Mais voici, d'autre part, quelques faits que l'on pourrait objecter à l'identification de la fiole du Cabinet des médailles avec le larmoir de verre bleu qui, au temps de Peiresc, faisait partie du cabinet de Monsieur.

Le supplément à l'*Antiquité expliquée*, de Montfaucon, donne la reproduction d'un sarcophage, qu'il présente en ces termes :

« Voici un monument considérable déterré depuis peu auprès de Rome, à trois cens
« pas du monument appelé Capo di Bove. M. le comte Massioti, agent en cour de
« Rome de l'électeur palatin, faisant travailler dans sa vigne à un gros massif de pierre
« qui s'élève sur terre, y trouva deux cercueils qui y étoient enfermez dans un caveau...
« Le sarcophage ou cercueil principal dont on voit la figure dans la planche suivante est
« d'albâtre, et si transparent, que la lumière passe aisément à travers, quoiqu'il soit épais
« de trois doigts. Sa longueur est de huit palmes et quelques pouces, ce qui fait six pieds
« et environ deux pouces ; et sa largeur d'un pied et demi. La face de devant du sépulcre
« est chargée de bas-reliefs qui font une histoire (123)... »

Ce sarcophage semble avoir été découvert après 1719 et avant 1724, puisqu'il a été publié dans le supplément de l'*Antiquité expliquée*. Il devint la propriété du cardinal Albani. Winckelmann, le décrivant à son tour, en donna une planche meilleure que celle de Montfaucon (124) ; nous la reproduisons à notre planche XVI.

Or, nous retrouvons, dans le cortège qui se déroule le long de la principale paroi du sarcophage, les trois femmes que nous avons vues sur la panse de notre petit vase, avec la même attitude, et, sauf une exception, avec les mêmes attributs. L'exception même est telle qu'elle constituerait un argument pour penser que l'auteur du vase a imité le sarcophage. L'une de ces femmes élève de la main gauche une guirlande de fleurs qu'elle accompagne de sa main droite tendue ; sur le vase, sa pose est pareille : mêmes vêtements, mêmes plis flottants, mais elle ne tient plus de guirlande ; la main gauche élève un faisceau de fleurs et d'épis et la droite reste cependant tendue en avant sans utilité. Il semble que l'artiste ait imité, en la modifiant, la figure du sarcophage, et qu'il ait laissé sans changement la position de la main droite, par négligence ou parce qu'il ne savait comment s'en tirer.

Je ne crois pas, cependant, qu'il y ait eu imitation dans le cas présent. Ces figures de femmes me paraissent avoir été des types ordinaires de porteuses d'offrandes pour les sacrifices, modèles d'atelier que l'auteur du vase et l'auteur du sarcophage peuvent avoir séparément suivis. Celle dont nous venons de parler se voit dans d'anciens marbres encore existants, par exemple dans un bas-relief antique de la collection Borghèse (voy. pl. XVI, 125), qui nous montrent deux jeunes filles ornant un candélabre de guirlandes ; quant à la femme qui, sur notre petit vase et sur le sarcophage Albani, tient un chevreau, nous la retrouvons un peu différente sur le vase de Brunswick portant des offrandes à Déméter. Je pense que la ressemblance des figures de notre vase avec celles du sarcophage peut s'expliquer par la communauté du modèle, et, dès lors, je ne vois pas de motif pour que le vase du Cabinet des antiques ne soit pas celui-là même que Peiresc connut et admira.

Ce précieux petit monument est un charmant spécimen d'une série d'objets en verre bleu (dont une des pièces les plus célèbres est le *vase Barberini* à présent dénommé *vase Portland*, conservé au British Museum). Il peut avoir été envoyé de Rome à Gaston d'Orléans qui avait une grande réputation d'amateur.

M. de Saint-Julian, qui avait, semble-t-il, la garde des collections de Gaston d'Orléans, croyait que le fameux vase Barberini et la petite fiole du duc étaient une même chose. Une lettre de Peiresc à Guillemin du 2 mai 1633 nous donne peut-être l'explication de cette erreur, et en même temps des détails très curieux sur la primitive histoire du vase Barberini. Cet objet aurait appartenu d'abord au cardinal del Monte, qui en avait disposé par testament en faveur du duc d'Orléans et sans doute M. de Saint-Julian le savait. Mais les héritiers du cardinal auraient profité de sa dernière maladie pour le faire revenir sur sa décision et le vase fut vendu au cardinal Barberini. « Je ne pense pas que son larmoir de « verre blanc et bleu [celui de Gaston d'Orléans] soit venu du cabinet du cardinal del Monte, « quoy que l'on vous aye dit, car c'estoit un vase plus gros que ma teste, lequel j'ay veu « dans Rome chez ledit cardinal et en ay l'empreinte que vous avez veüe sur laquelle « M. Fredeau m'a fait la grizaille que j'avois à Boisgency, et il est bien véritable que le « cardinal del Monte en avait faict légat dans son testament en faveur de Monsieur, mais « comme sa maladie fut longue, ses parentz lui feirent faire un testament postérieur en

« temps qu'il n'avait plus de souvenance de la bonne volonté qu'il avoit eue pour Monsieur,
« de sorte que le légat estant demeuré pour non faict, le vase demeura à ses héritiers qui
« le vendirent six centz escus au cardinal Barberini lequel en est encore saisy (126)... »

On voit qu'il s'en est peu fallu que ce fameux vase vînt dans le cabinet de Monsieur,
frère du roi Louis XIII, d'où il serait arrivé dans la suite, avec la collection de ce prince, au
Cabinet des Antiques.

Hauteur.	0,182	Largeur.	0,065
Hauteur.	0,182	Largeur.	0,070
Hauteur.	0,182	Largeur.	0,069

COUPE EN VERRE BLEU

AUX SUJETS DU VASE PORTLAND

La coupe reproduite sur nos planches XVII et XVIII, d'après les aquarelles conservées aux folios 41 et 42 du tome I du cabinet Peiresc, appartenait évidemment à la série des objets en verre bleu décoré d'émail blanc qui comprend aussi le *vase des vendanges* du musée de Naples, le *vase Portland* du British Museum (voy. notre pl. XIX) et la petite fiole du Cabinet des Antiques (voy. notre pl. XV). Je n'ai rien pu apprendre de net concernant l'origine de ces dessins ou l'identité de l'objet qu'ils représentent. Cette coupe est-elle une œuvre moderne? a-t-elle même existé? ou les dessins de notre album sont-ils seulement des projets? Autant de questions pour lesquelles je n'ai pas de réponse. Mais ce qu'elle présente de tout à fait particulier, c'est qu'elle est décorée des mêmes sujets qui décorent le vase Portland.

Dessin de la planche XVII. — Hauteur. . . . . . . 0,316 Largeur. 0,260
Dessin de la planche XVIII. — Hauteur. . . . . . . 0,340 Largeur. 0,265

AIGUIÈRE DE LA RENAISSANCE

Le dessin reproduit à la planche XX est conservé au fol. 30 du tome I du cabinet Peiresc. Il nous montre une magnifique aiguière de la Renaissance, l'égale par la beauté de tous les objets de ce genre à présent connus. Les sujets qui la décorent paraissent avoir été pris du mythe d'Apollon : celui du milieu, le seul qu'on puisse distinctement reconnaître représente l'épisode du *serpent Python;* la femme au corps renversé qui sert d'anse est sans doute une *Daphné*, ses jambes et ses bras se terminent en branches feuillues. Ces deux points fixés nous aident à deviner dans la scène de gauche une *Daphné poursuivie par Apollon* : on aperçoit en effet un personnage barbu avec la posture donnée communément dans cette histoire au fleuve Pénée; le bras levé qu'on voit au-dessus conviendrait assez bien à l'attitude de Daphné en fuite ; mais le trait est si sommaire qu'il faut vraiment, pour en être convaincu, un peu de complaisance.

Je ne sais si l'aiguière existe encore, si même elle a jamais existé. Il ne serait pas possible sur un simple dessin d'en déterminer la provenance. C'était une pièce dite *à la mode d'Italie* (127), de ce type qui fut répandu dans toute l'Europe par les estampes et partout pratiqué. Le style du sujet central et de l'ensemble rappelle les œuvres de la seconde moitié du seizième siècle, et spécialement les dessins de vases d'Androuet du Cerceau. Certains éléments décoratifs, certains traits caractéristiques leur sont communs. Le petit enfant accroché aux bras de Daphné, le corps même de la nymphe se retrouvent, un peu différents, dans la série des vases gravés de Du Cerceau. De même, la tête de femme en mascaron qui orne le goulot (et qui se répète presque identique en tête de sphynx ou de chimère sur la salière Rospigliosi) est un élément courant des arabesques du même artiste (128).

Hauteur. 0,390   Largeur. 0,190

COUPE DE LA RENAISSANCE ALLEMANDE

SIGNÉE P. F. (PETER FLŒTNER)

AUTRE COUPE SANS SIGNATURE

La merveilleuse aquarelle que nous reproduisons, très réduite, planche XXI, occupe le folio 31 du cabinet Peiresc. Elle fut cataloguée en 1766, par Joly, de la façon suivante :

« Grand vase autrefois en usage dans les festins, avec ce monogramme P. F. qui pour-
« rait s'expliquer par Primatice fecit, premier peintre du roi François Ier. »

Le style de ce vase est allemand ; le monogramme P. F. qu'on peut voir entre les deux chimères ailées est celui du fameux Peter Flœtner de Nuremberg (129). Rien d'ailleurs dans la manière du dessin ne répugne à cette attribution, tout, au contraire tend à en établir le bien-fondé.

Bartsch et Passavant ont écrit de petites notices sur Flœtner (130) ; plus récemment M. Albrecht Haupt lui a consacré d'importants travaux (131). Il faut aussi se reporter au livre de M. Konrad Lange qui a étudié l'œuvre de Flœtner dans son ensemble (132). Les illustrations de ces études fournissent d'excellents termes de comparaison.

Hauteur. 0,750   Largeur. 0,280

Peut-être faut-il aussi voir un dessin de Flœtner dans la pièce qui occupe le folio 33, reproduite à notre planche XXII. Elle ne porte ni signature, ni monogramme, ni marque d'aucune sorte. L'entrelac qui orne le pourtour du pied se retrouve identique sur le pied de la coupe que nous avons attribuée à Flœtner, et le style de l'ensemble ne contredit pas, semble-t-il, cette attribution. Ce dessin est un de ceux qui furent insérés au dix-huitième siècle.

Hauteur. 0,310   Largeur. . . . . . . , ... 0,157

VASE D'ORFÈVRERIE AUX ARMES D'EDWARD FIENNES

LORD CLINTON AND SAYE EARL OF LINCOLN

Le dessin conservé au folio 32 du tome I du cabinet Peiresc, et reproduit à notre planche XXIII est de ceux qui furent insérés au dix-huitième siècle. C'est une pièce d'orfèvrerie aux armes d'un chevalier de la Jarretière, qui me parait être Edward, lord Clinton, comte de Lincoln. Les deux scènes qui ornent la panse du vase sont *Saint-Pierre marchant sur les eaux* et *le Christ endormi pendant la tempête*. Peut-être ces deux sujets *de navigation* ont-ils été choisis comme une allusion aux fonctions de grand amiral d'Angleterre exercées par le comte de Lincoln sous Élisabeth. Trois autres médaillons sont ménagés sur le couvercle pour recevoir des scènes décoratives qui n'ont pas été tracées.

Ce dessin paraît bien être un original ; malheureusement il a beaucoup souffert, les extrémités sont déchirées et l'un des anciens propriétaires a jugé bon de découper le contour aux ciseaux. J'ajouterai que la disposition de la pièce sur la feuille de montage est telle qu'il n'a pas été possible de photographier le dessin complet. Il manque sur notre planche l'extrémité supérieure du couvercle.

Hauteur. 0,362   Largeur. 0,529

LE CASQUE D'ALEXANDRE FARNÈSE

Le dessin conservé au fol. 104 du tome I et reproduit à la planche XXIV nous montre un casque de parade, œuvre somptueuse de la Renaissance, maintenant conservé, avec les autres pièces de l'armure dont il faisait partie, dans les collections de la maison impériale d'Autriche.

M. Wendelin Bœheim a publié cette armure et en a, dans un commentaire, précisé l'origine (133). Elle appartenait à Alexandre Farnèse duc de Parme, qui s'en défit en 1759 en faveur de l'archiduc Ferdinand de Tyrol, qui formait une collection d'armures de guerriers célèbres, « sa compagnie d'honneur », comme il la nommait.

Non seulement, dit M. Wendelin Bœheim, elle se fait reconnaître au premier regard pour un ouvrage milanais, mais par le style et la technique elle révèle la main de Lucio Piccinino. Or, nous savons par quelques mots de Paolo Morigia que Lucio avait fait des armures de grand prix pour Alexandre Farnèse et pour d'autres princes : « Questo nel lo « lavorar di rilievo in ferro ed in argento, si di figure come di groteschi edaltri bizzarie « d'animali, fogliami e paesi, è molto eccellente e rarissimo nella gemina (Tausia) e ha fatto « armature di gran pregio al serenissimo duca di Parma Alessandro Farnese ed altri Prin- « cipi, che sono tenute per cose rare (134). »

Le dessin du cabinet Peiresc me paraît être le modèle qui servit à faire le casque d'Alexandre Farnèse. La souplesse, le charme d'exécution décèle la main d'un maître inventeur et non le travail d'un copiste. Puis certains détails du dessin n'ont pas été exécutés en métal : ainsi la guirlande de fleurs placée vers le milieu à gauche du coquillage d'où sort un corps de femme est supprimée sur le casque réel. On comprendrait difficilement qu'un dessinateur si habile, exécutant un dessin de telles dimensions ($0^m,54$ sur $0^m,36$ environ), et si précis eût négligé de copier un détail aussi important. Le dessin est exécuté à la plume, lavé en gris d'acier pour le fond uni et en bistre pour les ornements.

Hauteur. 0,540   Largeur. 0,360

NOTES

(1) Sur l'entrée du cabinet de Marolles à la Bibliothèque, voir : *Catalogue de livres d'estampes et de figures en taille-douce...* fait à Paris, en l'année 1666, par M. de Marolles, abbé de Villeloin. Paris, Fr. Léonard, M. DC. LXVI. — Le Département des Estampes à la Bibliothèque Nationale. Notice historique... par Henri Delaborde. Paris, Plon, 1875.

(2) Sur Henri du Bouchet, voy. : *Le Livre des peintres et graveurs*, par Michel de Marolles, abbé de Villeloin. Nouvelle édition revue par Georges Duplessis. Paris. Jannet, MDCCCLV, p. 20. — Les Portraits aux crayons des seizième et dix-septième siècles conservés à la Bibliothèque Nationale... notice, catalogue et appendice, par Henri Bouchot. Paris, Oudin, 1884, p. 54 et suiv.

(3) *L'Antiquité expliquée et représentée en figures...*, par dom Bernard de Montfaucon. 10 vol. Paris, 1719 ; suppl. en 5 vol. Paris, 1724.

(4) Le volume des dessins de Peiresc provenant du cabinet de Marolles portait le n° 255 ; dans la nouvelle répartition que fit Joly, garde du Cabinet des Estampes, en 1779, le volume reçut le n° 826 et Joly le décrit ainsi : « *Cabinet de Peiresc*, volume très précieux en ce qu'il contient des dessins la plupart faits de la main de l'illustre Rubens, son ami. » (Inventaire du Cabinet des Estampes Ye, 43). — Le 2ᵉ volume, qui avait appartenu à l'abbaye de Saint-Victor est inscrit sur cet inventaire continué, comme étant venu de l'Hôtel de Ville en germinal an V ; il reçut le numéro d'inventaire 3419. En l'an IX, ils étaient déjà mis l'un près de l'autre et portaient les cotes Aa. 53, 54, qu'ils portent encore aujourd'hui.

(5) Note qu'on trouve maintenant collée en tête du tome II (Aa. 54).

(6) *Inventaire manuscrit de la collection de Marolles.* 4 vol., in-fol. cotés au Cabinet des Estampes, Ye. 18 ; 18 a ; 18 b ; 18 c.

(7) *Bref État des Estampes de la Bibliothèque du Roi*, manuscrit coté au Cabinet des Estampes Ye. 15. a.

(8) *Lettres de Peiresc*, publiées par Philippe Tamizey de Larroque... Paris, Imprimerie Nationale, in-4. (*Collection des Documents Inédits de l'Histoire de France.*) Les lettres à Guillemin, dont il sera fait un grand usage dans cette étude, sont au tome V de cette édition.

(9) Consulter aussi sur Peiresc l'étude de M. Léopold Delisle : Un grand amateur français du dix-septième siècle, Fabri de Peiresc, par Léopold Delisle..., étude suivie du testament inédit de Peiresc publié et annoté par Ph. Tamizey de Larroque. Toulouse, éd. Privat, 1889, in-8, *Extrait des Annales du Midi.*

(10) Viri illustris Nicolai Claudii Fabricii de Pereisc, senatoris aquisextiensis vita, par Petrum Gassendum... Hagæ Comitis, 1651, in-12, p. 17.

(11) Viri illustris... de Peiresc... vita..., p. 97.

(12) Viri illustris... de Peiresc... vita..., p. 26.

(13) Cette phrase est dans l'*Avertissement* à la publication par le P. Desmolets de la dissertation de Peiresc sur le trépied antique trouvé à Fréjus en 1629. 10ᵉ vol., 2ᵉ part. des *Mémoires* du P. Desmolets.

(14) Viri illustris... de Peiresc... vita..., p. 488.

(15) Lettre de Peiresc à Guillemin, 9 mai 1633, éd. Tamizey de Larroque, t. V, p. 157.

(16) Lettre de Peiresc à Guillemin, 9 mai 1633, éd. Tamizey de Larroque, t. V, p. 157.

(17) Lettre de Peiresc à Guillemin, 24 janvier 1633, t. V, p. 108.

(18) Lettre de Peiresc à Guillemin, 10 décembre 1632, t. V, p. 76.

(19) Caylus, *Recueil d'antiquités égyptiennes, étrusques, grecques et romaines.* Paris, 1752-1767, t. II. Avertissement.

(20) Lettre de Peiresc à Guillemin, 21 mars 1633, éd. Tamizey de Larroque, t. V, p. 137.

(21) Viri illustris... de Peiresc... vita..., p. 373.

(21 *bis*) B. N. Ms. fonds Dupuy 667, fol. 179. — Manuscrit franç. 9532. *Recueil de notes sur les poids et mesures de l'antiquité et du moyen âge.*

(22) B. N. Ms. fonds Dupuy, 667, fol. 386.

(23) B. N. Ms. fonds Dupuy 667, fol. 164.

(24) Lettres de Peiresc, éd. Tamizey de Larr., t. V, p. 51.

(25) Lettres de Peiresc, éd. Tamizey de Larr., t. V, p. 51.

(26) Cette pile de poids antiques paraît avoir été donnée à Peiresc par Aléandre en 1632. Voir la Vie de Peiresc, par Gassendi, édit. de 1651, p. 375.

(27) Lettres de Peiresc, éd. Tamizey de Larr., t. V, p. 67.

(28) Lettres de Peiresc, éd. Tamizey de Larr., t. V, p. 67.

(29) Lettres de Peiresc, éd. Tamizey de Larr., t. V, p. 71.

(30) Lettres de Peiresc, éd. Tamizey de Larr., t. V, p. 84.

(31) Lettres de Peiresc, éd. Tamizey de Larr., t. V, p. 89.

(32) Il s'agit de Gobert, menuisier ordinaire du Roi, au château de Fontainebleau ou de quelque autre membre de la famille. Voy. Eug. Thoison, *Notes et documents sur quelques artistes se rattachant au Gâtinais* (*Réunion des Sociétés des Beaux-Arts des départements*, 1902.) — Félix Herbet, *Extraits d'actes et notes concernant des artistes de Fontainebleau*, 1901.

(33) Sur Daniel Rabel, voy. *l'Abecedario de Mariette*, publié par Ch. de Chennevières et A. de Montaiglon, Paris, 1857-1858, t. IV, p. 229. Le Cabinet des Estampes possède le recueil de fleurs peintes en 1624, par Daniel Rabel. Cet artiste à qui nous devons une partie des aquarelles que nous reproduisons, avait plusieurs fois travaillé pour Peiresc. Nous lisons dans une lettre de Peiresc à Guillemin, du 14 mars 1633 : « Il (Rabel) m'avoit aultresfoys coppié tout un fort gros livre in-fol. de desseins d'antiquailles pour une cinquantaine d'escus. Et ne se faisoit pas payer avec rançonnement comme d'aultres. Il m'a coppié un aultre libvre d'armoiries d'Allemagne fort anciennes et une grande partie des figures d'une vieille Bible à prix fort raisonnable. » Il s'agit, sans doute, du manuscrit de la Genèse, de Cotton, maintenant au British Museum, et dont il avait fait faire des copies par Rabel vers 1620. Il ne subsiste que deux des copies exécutées par Rabel. B. N. Manus. franç. 9350, fol. 31 et 32, reproduits dans les *Fac-similés des plus anciens manuscrits grecs de la Bibliothèque Nationale*, par Henri Omont. Paris, Leroux, 1902. In-fol.

(34) Quel rapport y a t-il entre ce Fredeau et Ambroise Fredeau, religieux augustin à Toulouse, et peintre ? Voy. *l'Abecedario de Mariette* et *Réunions*

des Sociétés des Beaux-Arts des départements, 3ᵉ session, p. 56, et 4ᵉ session, p. 98.

(35) Lettres de Peiresc, 14 mars 1633, éd. Tamizey de Larr., t. V, p. 134.

(36) Dom Michel Félibien, *Histoire de l'abbaye royale de Saint-Denis en France*. Paris, 1706, in-fol.

(37) Suger. De rebus in administratione sua gestis, éd. de la *Société de l'Histoire de France*, p. 206. Voy. sur le trésor de Saint-Denis. Molinier, *Histoire générale des Arts appliqués à l'Industrie*, t. IV.

(37 *bis*) De l'inventaire du trésor fait en 1739, il résulte qu'une inscription gravée sur ce calice faisait connaître qu'il avait été donné par l'abbé Suger.

(38) Lettres de Peiresc..., éd. Tamizey de Larr., t. V.

(39) C'est la coupe des Ptolémées. Voir la description de cette coupe, le commentaire et la bibliographie par E. Babelon, *Catalogue des Camées antiques et modernes de la Bibliothèque Nationale*, p. 201 et suiv.

(40) Lettres de Peiresc..., éd. Tamizey de Larr., t. V.

(41) Sur le camée de la Sainte-Chapelle, voy. E. Babelon, *Catalogue des Camées antiques et modernes de la Bibliothèque Nationale*, p. 120 et suiv.

(42) C'est le calice de Suger et non la gondole de sardonyx (*Catalogue Babelon*, n° 373) qui était aussi à godrons. Nous savons, en effet, par un passage subséquent et par une lettre de Guillemin (B. N., Manusc. franç. 954,4 fol. 85), que le vase dont il est ici question avait des anses.

(43) C'est le calice de cristal dit de Saint-Denis, reproduit à notre pl. VII.

(44) C'est la petite fiole reproduite à notre pl. VIII.

(45) C'est le vase de porphyre à tête d'aigle.

(46) La tasse de Salomon, maintenant dénommée coupe de Chosroès, conservée au cabinet des Antiques de la B. N. — Voy. E. Babelon, *Catalogue des Camées antiques et modernes de la Bibliothèque Nationale*, p. 213.

(47) Conservée au musée du Louvre, galerie d'Apollon.

(48) Lettres de Peiresc..., éd. Tamizey de Larr., t. V, p. 95 et suiv.

(49) B. N., Manusc. franç. Nouv. acq. 5 171, fol. 496.

(50) B. N., Manusc. franç. 9544, fol. 85, r°.

(51) Je ne trouve nulle part mention de ce chiffre.

(52) Il serait possible avec ces mesures de retrouver la capacité et approximativement les dimensions du calice de Suger.

(53) Lettres de Peiresc..., éd. Tamizey de Larr., t. V, p. 164.

(54) Cette liste commence ainsi : « Hoc accepit

Odo rex de thesauro sancti Dyonisii. » Elle a été publiée intégralement d'après le manuscrit latin 7230 de la B. N., par L. Delisle (*Instructions adressées... aux corresp. du Ministère de l'Instruction publique*. Paris, Leroux, 1890, p. 8) et partiellement, par E. Molinier (*Histoire générale des Arts appliqués à l'industrie*, t. IV, p. 79, n. 3).

(55) Voici la suite de cette oraison publiée par L. Delisle d'après le manuscrit latin, 7436 de la B. N., fol. 24. « Converte, rogamus, Domine, supplices nos ad te, rex gloriæ, es qui vera pax, salus pia spes et firma. Dona nobis pacem atque concordiam. Largire nobis spem integram, fidem simul veram, karitatem continuam concede nobis et manifestam. Sanctorum precibus nos adjuvemur ad hæc impetranda de quorum passione gratulamur modo gloriosa. Sit laus, pax et gloria Trinitati quam maxima cuncta per secula. Amen. (L. Delisle. *Instructions...* Paris, Leroux, 1890, p. 17.)

(56) Félibien, *Histoire de l'abbaye royale de Saint-Denis en France*. Paris, Léonard, 1706, p. 80.

(57) Félibien, *Histoire...*, p. 278.

(58) Félibien, *Histoire...*, p. 414.

(59) Félibien, *Histoire...*, p. 343, 347.

(60) Félibien, *Histoire...*, p. 332.

(61) Félibien, *Histoire...*, p. 362.

(62) Félibien, *Histoire...*, p. 388.

(63) Félibien, *Histoire...*, p. 410.

(64) Félibien, *Histoire...*, p. 416.

(65) « Vasa etiam tam de auro quam preciosis lapidibus, ad dominicæ mensæ servitium, præter illa quæ reges Francorum et devoti ecclesiæ eidem officio deputaverunt, beato Dionysio debita devotione adquisivimus. » Suger, De rebus in administratione sua gestis, éd. de la *Société de l'Histoire de France*, p. 206.

(66) Ce premier inventaire a été publié par H. Omont (*Mémoires de la Société de l'Histoire de Paris et de l'Ile-de-France*, t. XXVIII ; 1901). Outre ces inventaires, le trésor de l'abbaye a été décrit dans des histoires imprimées de l'abbaye de Saint-Denis, et dans des livrets-guides. Voir B. N. *Catalogue de l'Histoire de France*, t. VII, p. 756 à 757. — M. A. Vidier a publié une bibliographie dans les *Mémoires de la Société de l'Histoire de Paris et de l'Ile-de-France*, t. XXVI, p. 123, note.

(67) Publié par L. A. von Langeraad et A. Vidier : *Mémoires de la Société de l'Histoire de Paris et de l'Ile-de-France*, t. XXVI, 1899.

(68) E. Babelon, *Catalogue des Camées antiques et modernes de la Bibliothèque Nationale*. Paris, Leroux, 1897, p. cxliii.

(69) Maintenant au Cabinet des Antiques. (B. N.)

(70) Maintenant au Cabinet des Antiques. (B. N., *Cat. des Camées*, par E. Babelon, nᵒ 234.)

(71) Maintenant au Cabinet des Antiques. (B. N., *Cat. des Camées*, par E. Babelon, nᵒ 379.)

(72) Maintenant au Cabinet des Antiques. (B. N., *Cat. des Camées*, par E. Babelon, nᵒ 368.)

(73) C'est le calice peint au fol. 92 du *Cabinet Peiresc*, t. I, peinture reproduite à notre planche III.

(74) Maintenant au Cabinet des Antiques. (B. N.) C'est l'aigue-marine qui surmontait autrefois le joyau dit Écrin de Charlemagne. V. notre pl. IX.

(75) Maintenant au Cabinet des Antiques. (B. N., *Cat. des Camées*, par E. Babelon, nᵒ 373.)

(76) Maintenant au Cabinet des Antiques. (B. N., *Cat. des Camées*, par E. Babelon, nᵒ 233.)

(77) Maintenant au Cabinet des Antiques. (B. N., *Cat. des Camées*, par E. Babelon, nᵒ 252.)

(78) Maintenant au Cabinet des Antiques. (B. N., *Cat. des Camées*, par E. Babelon, nᵒ 374.)

(79) E. Babelon, *Catalogue des Camées...*, p. cxliv.

(80) E. Babelon, *Catalogue des Camées...*, p. cxlv.

(81) État des objets enlevés au Cabinet des Antiques de la Bibliothèque Nationale, le 27 pluviôse an XII, dans le *Catalogue des Camées*, de E. Babelon, p. clxvii.

(82) Marion du Mersan, *Histoire du Cabinet des médailles antiques et pierres gravées*. Paris, 1838, in-8, p. 177.

(83) Marion du Mersan, *Histoire du Cabinet des médailles...*, p. 166.

(84) E. Babelon, *Catalogue des Camées*, p. 207.

(85) E. Babelon, *Catalogue des Camées*, p. 134.

(86) Procès-verbal du 15 frimaire an II (*Revue universelle des Arts*, 1856, t. IV, p. 342.)

(87) *Registres des procès-verbaux de l'administration du Musée central des Arts*, t. I et II. Voir aussi Courajod (L.), *Alexandre Lenoir, son journal et le Musée des Monuments français*. Paris, 1878, p. cliv, n. 1.

(88) Il ne subsiste que le joyau supérieur (aigue-marine représentant le profil de Julie, fille de Titus). Il est conservé au Cabinet des Antiques de la B. N. Le dessin que nous publions est conservé au Cabinet des Estampes dans *le Recueil d'orfèvrerie religieuse*, coté Le., 38. c.

(89) Félibien, *Histoire de l'abbaye royale de Saint-Denis*, pl. IV, p. 542.

(90) Le monument décrit dans ce texte a été identifié avec l'Écrin de Charlemagne, par E. Molinier (*Bulletin de la Société des Antiquaires de France*, 1898, p. 304). Le texte, lui-même, avait été publié par L. Delisle (Instructions adressées par le comité des

travaux historiques et scientifiques. *Littérat. latine et Histoire du moyen-âge*). Paris, Leroux, 1890, in-8, 116 p.) d'après le ms. lat. 7230 de la B. N. Ce manuscrit relié aux armes et au chiffre de Charles IX est un débris de la bibliothèque de Saint-Denis dont il porte les anciennes marques au bas du second feuillet. Il contient une copie des ouvrages de Végèce et de Solin qui offre tous les caractères du neuvième siècle. Un moine qui devait vivre au commencement du siècle suivant a consigné sur les premiers et les derniers feuillets plusieurs notes relatives au monastère de Saint-Denis. M. L. Delisle écrit : « Ce n'est pas sans hésitation que je publie ces derniers morceaux [celui que nous publions nous-mêmes et la liste des objets pris au trésor par le roi Eudes] dont la lecture présente des difficultés par suite des détériorations que le manuscrit a subies avant d'arriver à la Bibliothèque du roi au seizième siècle. » — La même description est donnée d'après L. Delisle, par E. Molinier, *Histoire des Arts appliqués à l'Industrie*, t. IV, p. 76, note 4.

(91) *Les Grandes Chroniques*, édit. Paulin Paris, t. III, p. 65, cité par Molinier dans l'*Histoire des Arts appliqués*, t. IV, p. 76, note 3.

(92) E. Molinier, *Histoire des Arts appliqués à l'Industrie*, t. IV, p. 78. Viollet-le-Duc, *Dictionnaire raisonné du mobilier français*, t. II, p. 174, fig. 1, 2 et pl. XXXIV.

(93) E. Molinier, *Histoire des Arts appliqués à l'Industrie*, t. IV, p. 78.

(94) Inventaire publié par H. Omont dans les *Mémoires de la Société de l'Histoire de Paris et de l'Ile-de-France*, 1901.

(95) E. Babelon, *Catalogue des Camées antiques et modernes de la B. N.*, p. cxliii. Quatorze objets furent portés au Cabinet des Antiques ce jour-là et le lendemain.

(96) E. Babelon, *Le Cabinet des Antiques à la Bibliothèque Nationale*. Paris, Lévy, 1887, in-fol. p. 104, pl. XXXIII.

(97) Chabouillet dit (*Catalogue général et raisonné des Camées et pierres gravées de la B. Imp.* Paris, 1858) qu'il ne restait plus que six perles de cette monture au lieu des sept qu'elle comportait.

(98) E. Babelon, *Le Cabinet des Antiques*, p. 105.

(99) Publié par Paul Lacroix, *Revue universelle des Arts*, t. IV, p. 356.

(100) *Reg. des délib.* f. 74 verso, publié par Courajod (*Alexandre Lenoir, son journal et le musée des Mon. franç.* Paris, Champion, 1878, p. cxxxiv.

(101) *Reg. des délib.*, f. 172 recto.

(102) Le portrait de Julie et la signature de l'artiste n'étant pas visibles dans le croquis de Félibien, notre copiste les aura tracés à son gré.

(103) Maxime Collignon, *Essai sur les monuments grecs et romains relatifs au mythe de Psyché*. Paris, Thorin, 1877, in-8, n° 73 du catalogue. — Kœhler, *Gesammelte Schriften*, réunis par Stephani, « Vase de sardonyx antique gravé en relief ». Saint-Pétersbourg, 1800. Bd. iv, 5, 77 folg. — Wieseler. Alte Denkmœler, t. II, pl. LIII, n° 668.

(104) Maxime Collignon, *Essai…*, p. 28.

(105) *Recueil d'antiquités égyptiennes, étrusques, grecques et romaines*. Paris, 1752-1767, t. II, p. 302, pl. LXXXVI.

(106) Montfaucon, *Antiquité expliquée*, t. II, 1re part., pl. LXXVIII.

(107) Faut-il reconnaître cette petite aiguière dans la note d'inventaire suivante : « Deux petittes burettes dont le corps est chacun d'une seule agathe d'Allemagne, avec leurs anses d'un serpent d'or esmaillé de vert bleuastre, et enrichis de petits rubis, portez sur des pieds à balustres aussy d'agathes, liez d'or esmaillé, enrichies de rubis, haultes de 4 pouces environ »? Jules Guiffrey, *Inventaire général du mobilier de la couronne sous Louis XIV*. Paris, Rouam, 1885, t. I, p. 181.

(108) Lettre de Peiresc à Guillemin, du 28 mars 1633, éd. Tamizey de Larr., t. V.

(109) Lettre de P. à Guillemin, 25 avril 1633, éd. Tamizey de Larr., t. V.

(110) Lettre de P. à Guillemin, 2 mai 1633, éd. Tamizey de Larr., t. V.

(111) Lettre de P. à Guillemin, 9 mai 1633, éd. Tamizey de Larr., t. V.

(112) Lettre de P. à Guillemin, 6 février 1633, éd. Tamizey de Larr., t. V.

(113) Lettre de P. à Guillemin, 11 février 1633, éd. Tamizey de Larr., t. V.

(114) Lettre de P. à Guillemin, 14 février 1633, éd. Tamizey de Larr., t. V.

(115) Lettre de P. à Guillemin, 21 mars 1633, éd. Tamizey de Larr., t. V.

(116) Lettre de P. à Guillemin, 28 mars 1633, éd. Tamizey de Larr., t. V.

(117) E. Babelon, *Catalogue des Camées antiques et modernes de la Bibliothèque Nationale*. Paris, Leroux, 1897, pl. LVIII de l'album.

(118) E. Babelon, Article *Murrhina vasa* dans le *Dictionnaire des Antiquités grecques et romaines*, de Daremberg et Saglio.

(119) Lettres de P. à Guillemin du 6 février 1633, édit. Tamizey de Larr., t. V.

(120) Lettres de P. à Guillemin, des 25 avril et 2 mai 1633, éd. Tamizey de Larr., t. V.

(121) Lettres de P. à Ménestrier du 5 mai 1633, éd. Tamizey de Larr., t. V.

(122) *Inventaire des curiosités trouvées en différents endroits de la Bibliothèque du Roy* [mai 1684]. B. N., Estampes Ye. 4, publié dans *les Nouvelles Archives de l'Art français*, année 1907, p. 330.

(123) Montfaucon, *L'Antiquité expliquée*, Suppl., édit. 1757, t. V, pl. 51, p. 123.

(124) Winckelmann, *Monumenti antichi inediti*. Roma, MDCCLXVII, t. II, p. 151, pl. 111. Voir aussi: *Denkmäler des Klassischen Altertums... von... A. Baumeister,.. München und Leipzig, 1885. Bd I, p. 701.

(125) B. N. Est. *Œuvre de François Perrier*. Nous donnons ce bas-relief à notre pl. XVI, d'après une gravure de Perrier. Voir aussi: *Sculture del palazzo della villa Borghese... Roma MDCCXCVI. Stanza I, n° 11.

(126) Lettre de P. à Guillemin du 2 mai 1633, édit. Tamizey de Larr., t. V.

(127) Voir au Cabinet des Estampes des dessins de du Cerceau avec ces inscriptions: vase antique à la mode d'Italie; coupe à la mode d'Allemagne.

(128) Eug. Plon, *Benvenuto Cellini*. Paris, 1883.

(129) Notre pl. XXI étant très réduite, la lecture du monogramme très claire sur l'original, est devenue très difficile.

(130) Bartsch, *Le Peintre-graveur*, IX, p. 162. — Passavant, *Le Peintre-graveur*, III, 253.

(131) Alb. Haupt, *Peter Flettners Herkommen und Jugendarbeit. (Jahrbuch der Königlich-preussischen Kunstsammlungen*, 26 Band. Berlin, 1905.)

(132) Dr Conrad Lange. *Peter Flötner ein Bahnbrecher der deutschen Renaissance auf Grund neuer Entdeckungen*. Berlin, 1897.

(133) Wendelin Bœheim. *Werke Mailänder Waffenschmiede in den Kaiserlichen Sammlungen. (Jahrbuch der Kunsthistorischen Sammlungen der allerhöchsten Kaiserhauses*, t. IX, p. 375. Wien, 1889.)

(134) Paolo Morigia. *La nobilta di Milano*. Milano, 1595.

APPENDICES

9 feuilles dont 2 dessinées recto & verso
9 à montager   14 mars 2018

Rés. Aa 53 boîte écu

Dessins provenant de Rés. Aa 53 Fol. (Cabinet Peiresc) *retirés en 2006 — 2006.*

1 ERRARD, Charles : Vase avec Bacchus, *folio 2   ×*

2   : Vase avec putti faisant les vendanges, *folio 7 +*

3   : Vase avec Bacchus enfant au milieu d'une vigne, *folio 8 ×*

4   : Vase avec satyre et bacchante dansant, *folio 13. +*

5   : Vase avec Apollon (vase Borghèse) *folio 15 ×*

6 SALVIATI, Francesco, d'après : Coupe avec couvercle en forme de sphinge   *×*
Aa53, folio 50 en haut.

7 ANONYME ITALIEN DU XVIe S. : deux vases ; au verso : groupe de figures   *×*
Aa 53, folio 49 en bas

8 ANONYME ITALIEN DU XVIe S. : deux vases et motif de patte de lion ailée ; *×*
au verso : quatre figures   *Aa53, folio 49, en haut*

9 ANONYME FRANÇAIS DU XVIe OU DU DÉBUT DU XVII e S. : quatre
objets à couvercle et détail d'une poignée ; indications de mesures en français   *×*
Aa53, folio 50, en bas

Bd 7, in-folio = Polidoro
Bb 28, — — = Alberti
Ba 56, pet. in-folio = Galestruzzi
Hd 101, in-folio, Livre de Vases (Marolles).
Hd 102, pet. in-folio = Vases par Fr. Aquila, Rome, 1713.

(Voir aussi les copies par Gilles Sadeler d'après
Alberti - TIB 72. Part 2. Aegidius Sadeler II,
n° 408-417.

— dessin 7 : voir estampe par Ch. Alberti, Bartsch 165, 166) *gravés sous Bd 7 et Bb 28, in-folio.)*
— dessin 8 : voir idem, Bartsch 163, 164 *cf. TIB, Alberti, vol. 34, p. 292-301.)*

— pour le verso du dessin 8, voir l'estampe de G.B. Galestruzzi. Bartsch 7, TIB, vol. 46, p. 80, n° 7
— pour le verso du dessin 7, id. - pour la partie g. de la feuille, où est dessinée la partie droite de la scène d'histoire romaine.
pour la partie droite : idem, Bartsch 8, TIB, p. 80, n° 8. (Scène complète).
Épreuves des gravures de Galestruzzi d'après Polidoro dans Bd 7 et Ba 56 (pet. in-fol.

on peut en conclure que ces deux feuilles 7 et 8 n'en constituaient qu'une seule à l'origine
puisque la scène de l'histoire romaine dessinée au verso se trouve séparée en deux
morceaux qui se joignent parfaitement, ou presque (il manque un personnage à
l'arrière-plan et l'avant-bras de la figure assise est réduit d'autant).

ANTIQUITEZ DU CABINET DE PEIRESC

DESSINÉES PAR LE POUSSIN, RUBENS ET AUTRES

VOLUME DU CABINET DES ESTAMPES DU ROI (*ACTUELLEMENT CABINET PEIRESC, TOME I*)

Ce catalogue fut dressé par Joly, garde du Cabinet des Estampes de la Bibliothèque du Roi, en 1766. Nous le publions intégralement, l'accompagnant d'un commentaire en petits caractères et indiquant, par deux chiffres, à côté du numéro de la page que chaque pièce occupait autrefois, le folio qu'elle occupe maintenant. Les chiffres en italique donnent l'emplacement ancien. Chaque feuille dessinée est cernée d'un trait carré à l'encre. C'est ce trait qui sert aux dimensions que nous indiquons en millimètres.

Grand vase et, pour bas-relief, un sacrifice à l'honneur de Bacchus. 3 *2*

H. 300-L. 216. — Le vase était autrefois à Rome dans la demeure de l'architecte Mart. Longhi. — Ce dessin fait partie d'une série de douze dessins, à savoir: les dix qui vont être énumérés et un douzième que Joly a oublié dans son catalogue. Ils sont très finement exécutés à l'encre rouge. C'est une suite de douze vases antiques qui furent reproduits en gravure par Fournier et publiés sous le titre: *Recueil de vases antiques*, par Charles Errard, peintre du Roy. Nos douze dessins paraissent avoir été exécutés à Rome de la main d'Errard. Ils sont en sens inverse des estampes, qui de leur côté copient fidèlement les dessins jusque dans les jeux de lumière et d'ombre.

Grand vase à deux anses, un mascaron avec deux amours en supports. 7 *3*

H. 307-L. 208. — Dessin à l'encre rouge, gravé comme le précédent dans le *Recueil de vases antiques* de Charles Errard. Le vase se trouvait, suivant la lettre de la gravure: « Albæ in horto juxta monumentum Horatiorum. »

Grand vase à deux anses et couvercle, ornements et rainceaux. 9 *5*

H. 295-L. 210. — Dessin à l'encre rouge, gravé comme les précédents dans le *Recueil de vases antiques*, de Charles Errard. Le vase se trouvait, suivant la lettre de la gravure: « Romæ in domo privata nobilis Romani. »

Grand vase avec couvercle: une offrande à Priape. 11 *6*

H. 302-L. 184. — Dessin à l'encre rouge, gravé comme les précédents dans le *Recueil de vases antiques* de Charles Errard. Le vase était, suivant la lettre de la gravure: « Romæ in hortis Justinianis. »

Grand vase à anses: vendange à l'honneur de Bacchus 13 *7*

H. 310-L. 219. — Dessin à l'encre rouge, gravé comme les précédents dans le *Recueil de vases antiques* de Charles Errard. Le vase était suivant la lettre de la gravure: « In hortis Tiburtinis. »

Grand vase: Bacchus enfant au milieu d'une vigne. 15 *8*

H. 310-L. 219. — Dessin à l'encre rouge, gravé comme les précédents dans le *Recueil de vases antiques* de Charles Errard. Le vase était, suivant la lettre de la gravure: « Romæ versus S. Laurentium extra muros. »

Grand vase avec quatre anses, orné de branches de lierre 17 *9*

H. 330-L. 204. — Dessin à l'encre rouge, gravé comme les précédents dans le *Recueil de vases antiques* de Charles Errard. Le vase était, suivant la lettre de la gravure : « Romæ in horto privato juxta templum Sti-Petri ad vincula. »

Grand vase à deux anses, couronné de raisins : un vœu de Diane. Vid. 31 . . . . *19* 12

H. 309-L. 204. — Dessin à l'encre rouge, gravé comme les précédents dans le *Recueil de vases antiques* de Charles Errard. Le vase était, suivant la lettre de la gravure : « Romæ in hortis Medicis. » Il a été aussi reproduit pour Montfaucon, l'*Antiquité expliquée*, t. II, 1re partie, pl 84. C'est le vase Médicis, maintenant conservé aux Uffizi de Florence. Au folio 16, un autre dessin du même vase.

Grand vase avec couvercle : un satyre et une bacchante dansant *21* 13

H. 325-L. 218. — Dessin à l'encre rouge, gravé comme les précédents dans le *Recueil de vases antiques* de Charles Errard. Le vase était, suivant la lettre de la gravure : « Romæ in hortis Justinianis. »

Grand vase uni et à deux anses *23* 14

H. 310-L. 215. — Dessin à l'encre rouge, gravé comme les précédents dans le *Recueil de vases antiques* de Charles Errard. Le vase était, suivant la lettre de la gravure : « Romæ in area templi Stæ Ceciliæ. »

Grand vase couronné d'un cep de vigne : triomphe de Bacchus au retour des Indes. Vid.37 *25* 15

H.310-L. 207. — Dessin à l'encre rouge, gravé comme les précédents dans le *Recueil de vases antiques* de Charles Errard. Le vase était, suivant la lettre de la gravure : « Romæ in hortis Burghesianis. » C'est le vase Borghèse reproduit aussi par Montfaucon, pour les figures. (*Antiquité expliquée*, t. II, 1re partie, pl. 87.)

Grand vase oublié par Joly 4

H. 307-L. 214. — Dessin à l'encre rouge, gravé comme les précédents, dans le *Recueil de vases antiques* de Charles Errard. Le vase était, suivant la lettre de la gravure : « Romæ in hortis trans Tiberim. »

Grand vase à deux anses en forme de volutes : trois enfants, où l'on voit l'un avec un cornet à bouquin, l'autre avec une couronne de fleurs, et l'autre avec un tambour de basque. . *27* 10

H. 400-L. 273. — Dessin lavé.

Le même vase retourné : trois enfants allant faire un sacrifice à Bacchus. *29* 11

H. 400-L. 273. — Dessin lavé.

Le même vase que celui de la page *19*. . . *31* 16

H. 362-L. 258. — Dessin lavé. C'est le même vase que celui qui se trouve dessiné, p. 19, actuellement fol. 12, le vase Médicis. (Voy. Montfaucon, *Antiquité expliquée*, t. II, 1re partie, pl. 84.)

Grand vase à deux anses : deux jeunes gens qui paraissent quitter leur père malade pour aller demander son rétablissement à quelque divinité. *33* 17

H. 349-L. 258. — Dessin lavé. Malgré les différences considérables de dessin, il semble que ce soit le même vase que le précédent. (Voy. Montfaucon, t. II, 1re partie, pl. 84.)

Grand vase : deux Bacchantes et un Faune. Composition du triomphe de Bacchus au retour des Indes. *35* 18

H. 370-L. 271. — Dessin lavé. Ce dessin et les deux suivants reproduisent, quant aux figures, le vase Borghèse. (Voy. Montfaucon, l'*Antiquité expliquée*, t. II, 1re partie, pl. 87.)

Le même vase qu'à la page *25* *37* 19

H. 366-L. 267. — (Voy. le commentaire précédent.)

Grand vase où Silène est soutenu par un Faune. Suite du triomphe de Bacchus. . . . *39* 20

H. 362-L. 259. — (Voy. les deux commentaires qui précèdent.)

Grand vase : sacrifice ou initiation d'un héros. *41* 40

H. 382-L. 259. — Dessin à la plume, lavé en bleu rehaussé de gouache.

Grande coupe d'azur vue de deux faces, à l'une un mariage payen, à l'autre la mort de l'époux ; et, au-dessous, un vieillard affligé portant la main à son visage. Vid. le même sujet p. *199, 201, 203, 205* *43, 45* 41, 42

H. 316-L. 260 et H. 340-L. 265. — Deux aquarelles. Les dessins du même sujet qui étaient autrefois aux pages *199, 201, 203, 205* sont maintenant aux folios 23, 24, 25, 65. Nos deux aquarelles sont reproduites sur nos planches XVII et XVIII. (Voy. notre commentaire.)

Six desseins à la plume, dont trois trépieds, deux petits temples et un vase à l'eau lustrale *49* 43 r°

H. 340-L. 206. — Dessins à la plume légèrement lavés.

Dix vases à libations et à encens. . . . *52* 46 v°

H. 327-L. 225. — Dessins à la plume lavés.

Six candélabres ou guéridons. . . . . 53 47 v°

H. 330-L. 213. — Dessins à la plume lavés.

Douze pièces, dont sept vases à l'usage des sacrifices
et cinq boucliers. . . . . 54 47 r°

C'est le recto de la page dont le verso est décrit ci-
dessus. — Dessins à la plume lavés.

Vingt-quatre vases et urnes à l'usage des sacrifices.
55 44 r°

H. 332-L. 236. — Dessins à la plume lavés.

Dix-neuf vases idem. . . . . 56 44 v₀

C'est le verso de la feuille dont le recto est décrit ci-
dessus. — Dessins à la plume, lavés.

Cinq urnes ou baignoires. . . . 59, 60 48 r° v°

H. 323-L. 217. — Dessins à la plume, lavés.

Six pièces, dont trois vases et trois fragments d'un
bas-relief; (peut-être) Auguste qui accorde le
pardon aux Daces . . . . . 61, 62 49 r° v°

H. 209-L. 280. — Dessins à la plume, lavés.

Deux vases et une partie du bas-relief ci-dessus.
63, 64 49 r° v°

H. 204-L. 266. — Dessins à la plume, lavés. Ces deux
feuilles de dessins qui occupent le feuillet 49, recto et
verso, me paraissent être des croquis de Polydore Caldara
de Caravage. Les sujets ont été gravés avec des modifica-
tions par Gio-Battista Galestruzzi. Les gravures sont les
nᵒˢ 5 et 6 d'une série de six petites estampes représentant
différents sujets de l'histoire romaine. Le n° 5 montre la
Continence de Scipion, le n° 6, *Deux sénateurs parlant à des
rois vaincus qui sont enchaînés*, (Voy. Bartsch, *Peintre-
Graveur*, XXI, p. 53-54.) — Les vases ont été gravés par
Gilles Sadeler dans une suite intitulée : « Vasa a Polydoro
Caravagino pictore antiquitatisque imitatore prestantiss.
inventa. Egidius Sadeler S. C. Mᵗⁱˢ sculptor in æs incidi
jussit et edidit anno Pragæ MDCV. » — Cette série de vases
fut encore gravée par Cherubino Alberti et éditée en 1632;
nos croquis de vases y sont reproduits aux nᵒˢ 3, 4, 5 et 6.)

Quatre urnes cinéraires et une agrafe. 65 50 r°

H. 177-L. 189. — Dessins lavés.

Une grande éguierre surmontée d'un sphinx. 65.
50 r°

H. 219-L. 266. — Dessin lavé.

Grande éguierre vüe de deux côtés, en forme de lion
ailé. 67, 69 51

H. 246-L. 172 et H. 220-L. 177. — L'un des deux des-

sins est au crayon, l'autre à la plume et lavé. Ce vase a
été reproduit par Montfaucon, *Antiquité expliquée*, t. III.
1ʳᵉ partie, pl. 70.

Petit vase avec anse ; tête d'enfant 67 61

H. 123-L. 94. — Dessin à la plume. Ce vase a été
reproduit par Montfaucon, *Antiquité expliquée*, t. III, 1ʳᵉ partie, pl. 75, d'après le dessin conservé au folio 8 du 2ᵉ volume
(autrefois à l'abbaye de Saint-Victor).

Poids ; buste de femme. 69 62

H. 116-L. 90. — Dessin à la plume. Un autre dessin
du même objet se voit dans le 2ᵉ volume, folio 10.

Éguierre vue de deux côtés, à une anse et son dessous. 71, 73 52, 53

H. 239-L. 149. — H. 38-L. 187. — H. 37-L. 202. —
H. 264-L. 199. — H. 82-L. 80. — Cinq dessins. (Voy. notre
planche II et son commentaire.)

Autre éguierre unie et à anse, vue de deux faces.
75, 77 54, 55

H. 265-L. 223. — H. 66-L. 100. — H. 269-L. 238. —
Trois dessins lavés.

Vase à deux têtes, homme et femme. . . 75 61

H. 155-L. 125. — Dessin à la plume. Ce vase a été
publié par Montfaucon, *Antiquité expliquée*, t. I, 2ᵉ partie,
pl. 160.

Vase à une anse : tête de femme coeffée des ailes de
Mercure. 77 61

H. 123-L. 100. — Dessin à la plume. Ce vase se trouve
aussi dessiné dans le second volume folio 10. Il a été publié par Montfaucon, *Antiquité expliquée*, t. III, 1ʳᵉ partie,
pl. 75.

Éguierre à une anse de deux serpents. . . 79 56

H. 218-L. 187. — Dessin à la plume et lavé.

Coupe de cristal avec son manche. . . . 79 56

H. 187-L. 276. — Dessin à la plume et lavé.

Deux tasses ou mesures. 81 88

H. 196-L. 187. — H. 163-L. 194. — Dessins lavés. On
voit au folio 13 du tome II trois dessins d'après les mêmes
objets. Ces deux gobelets d'argent avaient été trouvés par
Louis Meynier, moine de Lérins, sur le territoire de Vallauris, pendant qu'il travaillait dans une vigne. (Voy. Gassendi, Viri Illustris... Fabricii de Peiresc... vita, 1651;
voy. aussi les dissertations de Peiresc à ce propos, lettres à
Dupuy du 18 juin et du 27 février 1632. Ils appartinrent à
Peiresc. Voy. la planche de Montfaucon, *Antiquité expliquée*,
t. III, 1ʳᵉ partie, pl. 82.)

Coupe vue de deux côtés : l'une la chasse, l'autre la pêche. *83* 57

H. 218-L. 138. — Dessin à la plume, lavé. Ce vase d'argent avait 2 pouces de hauteur, et 3 pouces 5 lignes de diamètre. Il a été gravé à l'eau-forte par Caylus pour son *Recueil d'antiquités*, Paris, 1752, t. I, pl. LXXXVII. « L'ouvrage en est d'une grande beauté, et les figures qui sont pleines d'esprit et de mouvement, ont en même temps, malgré le peu de saillie du bas-relief, tout l'effet qu'on en devait attendre. J'ajouterai que ce morceau n'a pas souffert la moindre altération dans aucune de ses parties... Je ne parle point d'un nom que je crois grec et que l'on voit écrit sur le dessous de la tasse. Les lettres formées avec des points sont si mal en ordre qu'elles ne peuvent se lire, et c'est par cette raison que je ne m'y suis guère arrêté... »

Vase à anse : une tête d'enfant. *83* 57

H. 160-L. 130. — Dessin au crayon. Voy. un autre dessin du même objet au tome II, folio 11.

Coupe sur laquelle on voit les attributs du dieu Pan, vue de trois faces. *85* 58

H. 135-L.331. — H. 63-L.335. — Les trois vues de l'objet sont dessinées sur une seule feuille. La seconde feuille donne un développement de l'objet. Dessins à la plume et lavés. La coupe a été publiée par Montfaucon, *Antiquité expliquée*, t. I, 2e partie, pl. CLXVII. (Voy. notre planche I et son commentaire.)

Coupe cinéraire *85*

Je n'ai pu retrouver ce dessin.

Éguierre à une anse : tête d'enfant *85* 62

H. 133-L. 69. — Dessin lavé.

Coupe sur laquelle on voit les mystères de Bacchus, vue de deux faces. *87* 58

H. 110-L. 140. — H. 110-L. 145. — H. 73-L. 345. — Deux vues et une feuille donnant le développement de la coupe, en tout trois feuilles. Dessins lavés. (Voy. notre pl. I)

Vase admirable d'agathe où sont les mystères de Bacchus, donné par Charles III dit le Simple, (mort en 929) à l'abbaye de Saint Denis, vu de deux côtés *80* 59

H. 170-L. 201. — H. 157-L. 189. — Dessin à la plume, lavé. C'est la *coupe dite des Ptolémées* maintenant conservée au Cabinet des Antiques de la Bibliothèque Nationale. Elle est représentée sans sa monture d'orfèvrerie. On verra dans le commentaire que nous donnons à nos planches III à VIII, des extraits de lettres de Peiresc relatifs à ce vase. Voy. aussi la notice de E. Babelon, dans le *Catalogue des camées antiques et modernes de la Bibliothèque Nationale*

(Paris, Leroux 1897), où on trouvera une abondante bibliographie.

Petit vase avec une victoire pour anse, vu de trois faces *91* 60

H. 129-L. 147. — H. 148-L. 125. — H. 150-L. 165. — Dessin lavé. Il existe dans le tome II du cabinet Peiresc, folio 15, trois autres dessins d'après le même vase, qui a été publié par Montfaucon, *Antiquité expliquée*, t. III, 1re partie, pl. 81. (Voy. au sujet de ce petit vase, lettre de Peiresc à Dupuy, du 11 juillet 1632.)

Pot avec une anse. *93* 63

H. 187-L. 189. — Dessin à la plume et lavé.

Tasse avec un dragon volant pour anse. . *93* 63

H. 205-L. 256. — Dessin lavé.

Crates ou cortina, vase raisonnant qui servoit aux oracles de la Sibylle de Cumes. La forme de ce vase est celle du trépié *94* 64

H. 325-L. 230. — Dessin lavé. On voit d'autres dessins de cet objet dans le tome II de notre recueil, folio 103, et dans le manuscrit français de la Bibliothèque Nationale, n° 9530. Ce trépied qui avait été trouvé en 1629 près de Fréjus, appartint à Peiresc. Il a été reproduit par Montfaucon, *Antiquité expliquée*, t. II, 1re partie, pl. 52, et par le P. du Molinet. (Le Cabinet de la Bibliothèque de Sainte-Geneviève, pl. 10, n° 1.)

Patère ou cuillier pour verser le vin. Vu dehors et dedans *97* 65

H. 257-L. 130. — H. 257-L. 27. — H. 258-L. 141. — Trois dessins à la plume. Cette patère a été reproduite par Montfaucon, *Antiquité expliquée*, t. II, 1re partie, pl. 61.

Autre patère. *99* 66

H. 223-L. 190. — Dessin à la plume. Cette patère a été reproduite par Montfaucon, *Antiquité expliquée*, t. II, 1re partie, pl. 62.

Cueiller à sacrifice. *99* 66

H. 200-L. 135. — Dessin lavé. Cet objet a été reproduit par Montfaucon, *Antiquité expliquée*, t. II, 1re partie, pl. 64.

Vase à tête de biche pour anse. *101* 67

H. 165-L. 252. — Dessin lavé. Ce vase a été reproduit dans « Romanum Museum sive Thesaurus eruditæ antiquitatis... cura Michaelis Angeli Causei, de la Chausse » ; Rome 1690, et dans le *Recueil d'antiquités de Caylus*, t. I, pl. XXXV, n° 2. C'était un vase de terre cuite de 4 pouces de largeur et de 7 pouces 2 lignes de hauteur, de couleur noire. Il contenait un peu plus que la chopine de Paris. (Caylus, *Recueil...*, t. I, p. 103.

par Primatice fecit, premier peintre du roi
François Ier *127* 31

H. 750-L. 280. — Aquarelle. C'est un dessin de Peter
Flœtner. (Voy. notre pl. XXI et son commentaire.)

Grand vase avec couvercle et deux dragons pour
anses, orné de grotesques et d'un amour dans
des rinceaux *129* 34

H. 471-L. 322. Aquarelle. Ce dessin, ainsi que les cinq
suivants me paraissent être des œuvres de l'école véni-
tienne. La richesse un peu lourde des ornements, le type
des figures me semblent incliner l'esprit à cette conclu-
sion.

Grand vase avec couvercle et deux SS pour anses,
orné, dans le diamètre du médaillon d'une
femme soutenue par des nayades et des amours.
131 35

H. 469-L. 320. — Aquarelle. (Voy. la notice précédente.)

Grande coupe ornée dans le diamètre d'une danse
d'enfants de la cour de Bacchus et de Neptune.
133 38

H. 470-L. 320. — Aquarelle. (Voy. les deux notices
précédentes.)

Grand vase avec couvercle et deux anses en SS.
Dans la frise on voit des tritons portant une urne.
135 36

H. 470-L. 320. — Aquarelle. (Voy. les trois notices
précédentes.)

Grand vase ayant pour anses des dauphins termi-
nés par deux mascarons. Dans le diamètre, des
dieux marins formant un concert. . *137* 37

H. 470-L. 320. — Aquarelle. (Voy. les quatre notices
précédentes)

Grande coupe où l'on voit des ornements et des
figures d'homme et femme marins . *139* 39

H. 470-L. 320. — Aquarelle. (Voy. les cinq notices précédentes.

Éguierre ornée de trophées et cannelures. *141* 27

H. 265-L. 235. — Dessin lavé.

Trois dessins d'éguierre, avec sujets marins. *143*
29

H. 190-L. 125. — H. 193-L. 129. — H. 155-L. 149. —
Dessins lavés.

Trois autres dessins d'éguierre, au 1er un Fleuve.

au 2e une Danse de Faunes, et le 3e le Triomphe
de Neptune et de Thétis. *145* 28

H. 194-L. 111. — H. 190-L. 109. — H. 187-L. 111. —
Dessins lavés. Une note manuscrite sur chacun de ces dessins donne comme auteur Léonard Thiry. (En réalité, ils
paraissent avoir servi à faire des gravures. Ces aiguières
font partie d'une suite gravée (dont elles sont les n°s 5, 6
et 8) par Corneille Visscher d'après Polydore Caldara de
Caravage.

Éguierre avec ornements *147* 29

H. 197-L. 117. — Dessin à la plume.

Vase antique. *147* 40

H. 378-L. 257. — Dessin lavé en bleu avec des rehauts
de gouache.

Pot de terre égyptienne, espèce de pagode, vu de
deux côtés. *149, 150* 68

H. 240-L. 174. — H. 234-L. 168. — Deux dessins au
pastel.

Vase étrusque à deux anses dessiné de trois côtés :
1° Un palefrenier conduisant un cheval blanc ;
153 70

2° Dessiné par l'anse *155* 71
3° Deux figures enveloppées dans leur manteau *157* 72

H. 407-L. 176. — H. 395-L. 170. — H. 398-L. 174. —
Aquarelle. Ce vase avait appartenu au sculpteur Girardon.
Il a été reproduit par Montfaucon. (*Antiquité expliquée*,
t. III, 1re part., pl. 71.)

Autre vase étrusque à deux anses dessiné idem :
1° deux cavaliers combattant, un troisième sous
les pieds des chevaux ; 2° le même sujet dessiné
sur son plat ; 3° une femme conduisant son
char qu'elle fait passer sur le corps d'un guerrier
(peut-être Tullie) ; un homme tenant une massue est aussi dans le char. . *159, 161* 74,75

H. 401-L. 266. — H. 192-L. 406. — H. 195-L. 399. —
Trois aquarelles.

Autre vase étrusque à une anse : son développement
représente des guerriers dont l'un est à cheval
conduisant un autre cheval . . *163, 165* 73

H. 340-L. 168. — H. 160-L. 301. — Deux aquarelles.

Autre vase étrusque dessiné de trois côtés : 1° Une
divinité sous la figure du soleil qui frappe de
mort une femme en présence d'un juge et d'un
homme qui blanchit d'horreur . . . *167* 76

2° Le même vase dessiné par le côté   *169*   77

3° Trois femmes ou sybilles qui président à
cette action.   78

H. 271-L. 180. — H. 262-L. 180. — H. 250-L. 175 — Trois aquarelles.

Autre vase étrusque à deux anses, vu de deux côtés :

1° Une femme assise et ailée *173*   79

2° Profil d'une tête de femme. . . .   *175*   80

H. 290-L. 175. — H. 292-L. 178. — Deux aquarelles.

Soucoupe étrusque à deux anses vue par dessous représentant deux figures drappées. .   *177*   81

H. 185-L. 293. — Une vue intérieure de cet objet se trouve dans le tome II, folio 16.

Cruchon étrusque avec une anse ; on y voit une
femme portant un plat et marchant vers un
autel. *179*   81

H. 160-L. 107. — Aquarelle.

Autre cruchon de terre commune. . . .   *179*   69

H. 170-L. 143. — Aquarelle.

Vase de forme ronde à deux anses, d'une espèce de
terre truitée. *181*   69

H. 960-L. 650. — Aquarelle.

Autre vase de forme ronde à deux anses, serti en
or, avec figures d'apôtres ciselées dans le pourtour *183*   83

H. 362-L. 349. — Dessin lavé. Cette pièce, les quatre suivantes, plus une cinquième omise par Joly et occupant maintenant le folio 82, me paraissent être des essais, presque informes, il est vrai, de copies d'après des objets du trésor de Saint-Marc de Venise. Je le crois, au moins pour les dessins actuellement conservés aux folios 83, 85, 86, 87. A vrai dire, le dessin est si grossier qu'il peut rester un doute. Ce qui me fait garder mon hypothèse, c'est que trois de ces dessins de la même main rappellent, quoique très grossièrement, trois objets de ce trésor. Cette coïncidence m'a paru devoir être signalée. De plus nous savons par Gassendi, *De vita Peireskii*, Hag. Comitis 1651, p. 386), que Peiresc fit prendre des mesures des principaux vases du trésor de Saint-Marc, en 1633, en même temps qu'il faisait faire par Guillemin des mesures à Saint-Denis et peut-être reçut-il de Venise des dessins, comme il en reçut de Saint-Denis. Rien d'étonnant dès lors que le même album ait reçu les uns et les autres.

Pour le dessin du folio 83, il y a d'autant plus à re-gretter la médiocrité de l'exécution qu'il se rapporte à un calice de sardonyx à monture d'or, ornée de figures de saints émaillées. (*Il tesoro di San Marco di Venezia*, illus-

trato da Antonio Pasini. Venezia, Ongania, 1885, pl. 41, n° 83), qui était en morceaux et fut restauré par un artiste tyrolien. Notre dessin aurait pu servir de témoin de l'état ancien.

Coupe de la même terre sertie dans le pourtour en
or et d'escarboucles. *185*   84

H. 348-L. 237. — Dessin lavé. Ce dessin correspond probablement à l'un des calices du trésor de Saint-Marc mais la grossièreté du travail rend l'identification problé-matique.

Pot de terre, son anse en forme de lézard.   *187*   85

H. 301-L. 197. — Dessin lavé. Ce dessin me parait se rapporter, mais d'un peu loin à une amphore d'onyx du trésor de Saint-Marc (Pasini. *Il tesoro di S. Marco*, pl. XXXVIII, n° 71.)

Autre pot à anse pareille *189*   86

H. 325-L. 200. — Dessin lavé. Voir l'amphore d'agate du trésor de Saint-Marc. (*Il tesoro di S. Marco...* Ant. Pa-sini, pl. LII, n° 120.)

Marmite en argent avec son anse couleur de cuivre.
ou d'or *191*   87

H. 370-L. 221. — Dessin lavé.

Deux coupes de porcelaine blanche incrustées en or.
193   90

H. 167-L.145. — H. 139-L. 126. — Deux aquarelles.

Coupe de porcelaine verte, en forme de coquille ou
d'exagone irrégulier. *195*   100

H. 280-L. 388. — Aquarelle. C'est le *Sacro Catino* de la cathédrale San Lorenzo à Gênes ; une note de Joly écrite sur un feuillet monté entre les folios 100 et 101 at-tribue cette aquarelle à Rubens, qui était l'ami de Peiresc.

Tasse ronde de porcelaine verd de mer, sertie de
pierres précieuses, vue par dehors et en dedans.
197   89

H. 183-L. 228. — H. 160-L. 230. — Deux aquarelles.

Vases de terre à deux anses, avec des sujets en bas-
relief expliqués aux pages 43 et 45.   *199, 201,*
203, 205   23, 24, 25, 65

H. 330-L. 235. — H. 317-L. 232. — H. 273-L. 232. — H. 260-L. 188. — Dessins lavés. Ce sont là représenta-tions du vase Portland conservé au British Museum. (Voy. notre commentaire des dessins reproduits à nos pl. XVII et XVIII.) Nous avons reproduit le vase Portland à notre pl. XIX d'après une photogr. de W.-A. Mansell et C°, *phot*.

Lampe de bronze avec une tête de femme couronnée
de lierre, vue de deux côtés. *207*   61

ANTIQUITEZ DU CABINET DE PEIRESC

DESSINÉES PAR LE POUSSIN, RUBENS ET AUTRES

VOLUME IN-4° A LA BIBLIOTHÈQUE DE SAINT-VICTOR

QUI M'AVOIT ÉTÉ COMMUNIQUÉ ET DONT J'AI DRESSÉ CET ÉTAT EN 1766

(Voir l'observation placée en tête du catalogue précédent.)

VASES, POIDS ET MESURES, ETC.

Petit vase, dessiné de deux côtés, copié sur celui du
volume du Roi à la page *67 bis*.   *1, 3, 4, 5*   8

H. 155-L. 105. — H. 155-L. 105. — H. 147-L. 102. —
H. 147-L. 105. — Quatre dessins à la plume. Cette tête
d'enfant servant de vase est aussi dessinée dans le tome I,
folio 61. Elle a été produite en gravure par Montfaucon,
Antiquité expliquée, t. III, 1re partie, pl. 75.

Vitellius, médaillon qui paroit estre en marbre.
  2   9

H. 168-L. 144. — Dessin à la plume.

Petit vase. (Voy. le volume du Roi, page *77*.) *6*   10

H. 159-L. 120. — Dessin à la plume. Même objet dessiné au tome I, folio 61 et reproduit par Montfaucon, *Antiquité expliquée*, t. III, 1re partie, pl. 75. Cet objet me paraît
être un poids plutôt qu'un vase.

Poids. (Voy. idem, page *69*.). *7*   10

H. 141-L. 105. — Dessin à la plume. (Voy. un autre
dessin du même objet au tome I, folio 62.)

Vase à tête d'enfant avec un anneau servant d'anse
vu de profil *8*   11

H. 193-L. 142. — Dessin à la pierre noire. Cet objet
a été reproduit par Montfaucon, *Antiquité expliquée*, t. III,
1re partie, pl. 75. (Voy. un autre dessin du même objet
au tome II, du Cabinet Peiresc, folio 57.)

Vase d'agathe sardonix (Voy. idem dans le volume
du Roi, page *115*.). *9*   12

H. 152-L. 118. — Aquarelle. Cette aiguière, dont la
monture est maintenant perdue, est conservée à Saint-Pétersbourg au musée de l'Ermitage. Elle est aussi figurée, à
l'aquarelle, sous quatre aspects, au folio 97 du tome I;
nous avons reproduit ces quatre aquarelles à notre planche XII.

Deux tasses ou mesures (Voy. le volume du Roi,
page *81*.). *10, 11, 12*   13

H. 201-L. 191. — H. 196-L. 170. — H. 195-L. 180. —
Trois dessins lavés. Deux dessins d'après les mêmes objets
se voient dans le tome I, folio 88. (Voy. la planche de Montfaucon, *Antiquité expliquée*, t. III, 1re parfie, pl. 82.) Ces
vases appartinrent à Peiresc. Lettres à Dupuy du 18 juin et
du 27 juin 1632.

Buste en bronze : une femme grecque dessinée de
profil *13*   14

H. 198-L. 150. — Dessin lavé.

Buste d'enfant, servant de vase, avec son couvercle
sur le sommet de la tête *14*   14

H. 201-L. 154. — Dessin lavé.

Autre vase. (Voy. le volume du Roi, page *81*.)
  16, 17   15

Nota. — On lit au bas de ce vase cette remarque : « Alabaster cochlearia XXIIII capiens, monilibus coronatus clypeisque astragalis coronatus victoriaque simulachro, 1632. Belgenciaci. »

H. 170-L. 143. — H. 185-L. 141. — H. 184-L. 145. — Trois dessins lavés. Joly a fait une erreur en renvoyant à la page 81 du volume du Roi (notre tome I) ; c'est page 91 qu'il a voulu dire (maintenant folio 60). Ce vase a été publié par Montfaucon, *Antiquité expliquée*, t. III, 1re partie, pl. 81. (Voy. la lettre de Peiresc à Dupuy du 11 juillet 1632, Édit. Tamizey de Larr., tome II)

Soucoupe étrusque à deux anses, vue en dedans. (Voy. la même dessinée en dehors au volume du Roi, page *177*.) *18* 16

H. 286-L. 332. — Aquarelle. La vue extérieure indiquée se trouve au tome I, folio 81.

Statue votive en terre cuitte : une femme drapée et voilée vue de deux côtés. *19, 20* 17

H. 264-L. 145. — H. 262-L. 157. — Deux dessins lavés.

Main votive en terre cuite, vue idem . *21, 22* 18

H. 240-L. 152. — H. 240-L. 141. — Deux dessins lavés.

Pied votif, idem. *23, 24* 19

H. 194-L. 278. — H. 187-L. 269. — Deux dessins lavés.

Lampe à vingt branches *25* 20

H. 288-L. 290. — Dessin à la plume et au lavis, reproduit par Montfaucon, *Antiquité expliquée*, t. V, 2e partie, pl. 143.

Pot à une anse de bronze. *26* 21

H. 250-L. 160. Lavis rehaussé de gouache.

Autre pot de verre antique vu de trois côtés. *27, 28* 22

H. 210-L. 155. — H. 230-L. 175. — Crayon et lavis sur deux feuilles.

Mesure ou soucoupe dessinée de neuf côtés. *29, 30, 31* 23

H. 166-L. 105. — H. 191-L. 165. — H. 191-L. 170. — Crayon et lavis sur trois feuilles. Un de ces dessins a été reproduit par Montfaucon, *Antiquité expliquée*, t. III, 1re partie, pl. 75.

Lampe étrusque en forme d'arrosoir, sur son couvercle est une figure d'un des Titans. *32* 24

H. 220-L. 160. — Dessin lavé, rehaussé d'un peu de gouache. Un objet analogue est publié par Montfaucon, *Antiquité expliquée*, t. V, 2e partie, pl. 147.

Petit vase avec des poids antiques *33* 26

Je n'ai pas retrouvé ce dessin. Peut-être est-ce un petit dessin lavé, au folio 26 et mesurant H. 175-L. 120 ?

Six tasses ou mesures. *34* 25

H. 225-L. 155. — Lavis sur une feuille.

Marc contenant toutes les parties de poids dont on forme aujourd'hui une livre. *35* 26

H. 250-L. 132. — Lavis.

Le même vase sans les poids.

H. 240-L. 131. — Lavis.

Poids de cuivre antique en forme de médaillon, en type la tête de Mydas et pour revers un loup avec la légende HATRI. 27

H. 230-L. 155. — Pierre noire. Ce poids reproduit par Montfaucon, *Antiquité expliquée*, III, 1re partie pl. 89, appartint au cabinet d'antiques de l'abbaye de Sainte-Geneviève qui la tenait de Peiresc. (Voy. Le cabinet de la Bibliothèque de Sainte-Geneviève... par le P. R. Claude du Molinet, Paris, M. DC. XCII, pl. 14.)

Le jeune Icare, vu de deux côtés. . . *38, 39* 28

H. 210-L. 180, H. 206-L. 180. — Deux dessins à la sanguine. Peut-être faut-il voir dans ces dessins, la représentation de l'Icare de bronze qui appartenait à M. de Roissy et dont il est question dans les lettres de Peiresc à Guillemin, en 1632 et 1633. Voy. la lettre du 3 janvier 1633. (Lettres de Peiresc, édit. Tamizey de Larroque, t. V, p. 87.)

Statue qu'on croit être de Vertumne portant des fruits dans un pan de son manteau. *40, 41* 29

H. 280-L. 130. — H. 280-L. 148. — H. 110-L. 068. Trois dessins à la sanguine.

Huit figures d'après des bronzes : 1° un Faune en pied tenant le bras levé ; 2° l'Amour portant le foudre de Jupiter ; 3° prêtresse de Bacchus tenant une coupe ; 4° buste d'une femme portant des raisins ; 5° Jupiter tonnant, buste ; 6° masquaron d'une femme ; 7° Niobé ou Latone, autre buste, vu de deux côtés ; 8° manche d'un instrument à sacrifice avec une tête de bélier . . *42* 30

H. 420-L. 275. — Une feuille couverte de croquis à la sanguine.

Trois autres figures de bronze : 1° une femme coeffée du diadème, vue de trois côtés ; 2° mascaron d'un homme ; 3° tête d'enfant. *43* 31

H. 202-L. 269. — Une feuille de dessins à la sanguine.

Six autres figures en bronze : 1° buste d'une femme, vue de face et derrière ; 2° masque d'homme, voyés le même n° *43* [maintenant, fol. 32]; 3° femme. Voy. le volume du Roi n° *77* [maintenant, t. I, folio 61, femme coiffée des ailes de mercure]; 4° masque de femme représentant la pitié; 5° autre masque tête de Bacchus; 6° tête de Latone avec diadème, vu de trois côtés. . . *44* 32

H. 406-L. 280. — Feuille couverte de croquis à la sanguine. La tête dite de Latone, au n° 6, est la même qui se trouve au folio 41, ancien 56. (Voy. plus loin) et qui appartenait à Peiresc.

Astragale ou pagode, vu de quatre côtés. *45* 33

H. 164-L. 103. -- Lavis, une feuille.

Soldat armé de fer, dans l'action, vu de quatre côtés. *47* 34

H. 120-L. 200. — Aquarelle; une feuille. (Voy. E. Babelon et J. Adrien Blanchet, Catalogue des bronzes antiques de la Bibliothèque Nationale, p. 41).

Héros s'appuyant sur sa massue et son bouclier, vu de quatre côtés. *48* 35

H. 250-L. 155. — Crayon, une feuille. Au-dessous a été collée une petite inscription manuscrite qui me paraît se rapporter plutôt au folio 38.

Celada, ou casque antique de bronze. . . *50* 36

H. 200-L. 270. — Aquarelle. Entre cette pièce et la précédente, au folio 35 se trouve un dessin que Joly paraît avoir oublié. C'est un buste de femme posé sur un support, les cheveux soigneusement coiffés, la poitrine découverte, vue de trois côtés. H. 204-L. 162.

Porcelaine des Indes représentant une espèce de pénitent, vu de face et derrière. . . *51, 52* 37

H. 252-L. 151. — H. 250-L. 160. — Deux dessins à la pierre noire.

Idole en yvoire monté sur un pié orné de pierreries et de feuillages *53* 38

H. 230-L. 160. — Plume et lavis. C'est à ce petit objet que me paraît se rapporter une note manuscrite de Peiresc, collée par erreur au bas du folio 34. « Idolo d'avario messo incerta guarnitione d'oro basso e d'argento indorata, lavorato a guisa di fogliami e arrichita di otto o dieci rubbini o carbunculi orientali rappresentato da tutte le quattro vedute. » Cette pièce paraît avoir appartenu à Peiresc, et pouvoir être identifiée à celle que décrit ce passage des Raretés trouvés dans le cabinet de feu M. de Peiresc : « Une figure d'une idole d'yvoire antique garnie d'argent doré et enrichie de huit ou dix rubis ou carboucles, qui sert de manche à un coutelas. »

Bas-relief rond : le Rosne et la Méditerranée personnifiés *54* 39

H. 310-L. 320. — Lavés.

Autre bas-relief : Triton conduisant un cheval. *55* 40

H. 305-L. 312. — Lavis.

Tête antique de marbre mitrée à la marseillaise : vu de face et de profil. — NOTA. Elle a été trouvée à Aix, près les Capucins, parmi les ruines d'un bain antique. *56, 57* 41

H. 272-L. 171. — H. 274-L. 187. — Pierre noire, deux feuilles. On a collé au bas une note manuscrite de Peiresc : « Ma teste de marbre mithrée à la Marseilloise, trouvée à Aix près des Capucins aux ruines d'un bain antique. » Cette tête est en effet mentionnée parmi les Raretés trouvées chez Peiresc dont nous publions plus loin le catalogue ancien.

Fragment d'une figure égyptienne (teste). Isis, bas-relief *58* 42

H. 230-L. 165. — Dessin à la pierre noire.

Le même bas-relief avec cette figure de femme dans son entier, un homme l'accompagne et lui donne la main : au milieu est un enfant tenant une massue ou le flambeau de l'hyménée. *59* 42

H. 225-L. 145. — Dessin à la pierre noire.

Femme accroupie, en terre étrusque et de couleur de chair. *60* 43

H. 239-L. 160. — Aquarelle. C'est peut-être l'objet décrit dans les Raretés trouvées chez Peiresc : « Une figure d'une femme aussy en pierre peinte à l'égyptienne. »

Crinas Massiliensis; figure en therme. — NOTA. Il est regardé comme le fondateur des murs de cette ville. *61* 44

H. 200-L. 101. — Dessin à la pierre noire. Ce buste appartint à Peiresc. Voy. les Raretés trouvées chez Peiresc : « Une statue de pierre de Crinas, fondateur des murailles de la ville de Marseille. »

Sybille ou prêtresse, debout et appuyée sur un trépié : bas-relief. *62* 45

H. 273-L. 170. — Plume et lavis. Ce bas-relief appartenait à Peiresc; voy. les Raretéz trouvées chez feu M. de Peiresc : « Une grande figure de pierre fort antique et très

belle d'une prestresse ou pythonisse appuyée sur un trépied. » Dessin reproduit par Montfaucon, *Antiquité expliquée*, t. II, 1ʳᵉ partie, pl. 2.

Bas-relief égyptien contenant des hyérogliphes. . .
                                              63 46

H. 210-L. 426. — Dessin à la pierre noire rehaussé de
blanc.

Tête d'homme avec barbe et cheveux courts. . . .
                                              64 47
H. 367-L. 247. — Dessin à la pierre noire.

Autre tête d'homme sans barbe. *65 48*
H. 404-L. 270. — Dessin à la pierre noire.

Tronçon d'une figure en momie, vu devant et derrière; on y aperçoit des bas-reliefs en spirale,
comme à la colonne Trajane. . . *66, 67 49*
H. 260-L. 150. — H. 0,260-L. 0,170. — Deux dessins,
plume et lavis.

Tasse autour de laquelle sont en relief des mystères
en l'honneur de Bacchus; ces mêmes mystères
dessinés en forme de frise *68, 69 50*

H. 106-L. 138. — H. 088-L. 286. — Deux dessins,
plume et lavis. C'est un des deux petits vases d'argent que
possédait M. de Roissy. Nous le reproduisons ainsi que
l'autre (donné par M. de Roissy à Peiresc) à notre planche I,
mais d'après le dessin conservé au tome I, folio 58. Peiresc
possédait en effet deux dessins de ce petit vase : l'un fait
à Paris, d'après l'original, par Daniel Rabel, l'autre fait à
Aix par Fredeau, d'après une empreinte envoyée de Paris.
(Voy. le commentaire de notre planche I.)

Groupe de trois femmes, debout, dos à dos tenant
chacune une patère et ayant un chien couché à
leur pied *70, 71 51*

H. 237-L. 163. — H. 235-L. 151. — Deux dessins,
plume et lavis. Reproduit par Montfaucon, *Antiquité expliquée*, t. I, 1ʳᵉ partie, pl. 90. C'est une représentation de la
triple Hécate.

Fragmentum tabulæ marmoreæ in qua mundi sys-
tema sculptum erat lineari pictura ex quo super-
sunt icuncula planetarum Saturni, Lunæ, Mercurii, Veneris, et unus e ventis a mari emergentis:
Deux dessins, l'un estampé sur ce monument en
creux, et l'autre fait à la plume . *72, 73 52*

H. 180-L. 260. — H. 180-L. 260. — Deux dessins l'un
à la plume, l'autre à la pierre noire. Au bas du feuillet de
montage on a collé la petite note manuscrite de Peiresc en

latin que Joly a copié ci-dessus. Cet objet est inventorié
dans les Raretez trouvées dans le Cabinet de feu M. de
Peiresc.

L'Amour tenant la massue d'Hercule et dormant sur
la peau du lion; à ses pieds un lézard. *74 53*
H. 184-L. 280. — Sanguine. C'est une représentation
de Hypnos.

Drusus, médaillon. On lit autour CLA... VDII X IM...
P X E *75 54*

H. 290-L. 246. — Pierre noire. On lit réellement
DRVSVS CLA VDII IM PE. Au bas cette note : « Math. Fre-
deau in marmore antiquo. » Cet objet de marbre est ainsi
inventorié dans le catalogue des Raretez trouvées chez feu
M. de Peiresc : « Une teste à deux corps de DRVSVS CLAV-
DIVS IMP. en marbre. »

Vase antique en forme de momie, avec une tête de
chien en couvercle, et des hyérogliphes sur le
diamètre *76, 77 55*
H. 360-L. 181. — H. 154-L. 270. — Deux dessins lavés.

Ornements funéraires imprégnés dans une pierre de
marbre trouvée à Fréjus en 1616, chez M. Antelmy, chanoine *78 56*
H. 330-L. 252. — Sanguine. Les renseignements ci-
dessus ont été pris par Joly d'une inscription au verso du
dessin.

Tombeau de forme quarré long, avec des bas-reliefs
à chaque face. *79 57*
H. 222-L. 419. — Lavis. Ce tombeau est-il le lectisternium de marbre qui appartenait à Peiresc et qui est
inventorié parmi les raretés trouvées chez lui?

Plan dudit tombeau. *80 59*
H. 235-L. 321. — Lavis. Même observation que ci-
dessus.

Ornements ou bordure dudit tombeau. *81 58, 59*
H. 200-L. 169. — H. 200-L. 171. — Deux dessins au
lavis. Même observation.

Les mêmes ornements en grand *82 60*
H. 407-L. 269. — Lavis. Même observation.

Feuillages, chapelets oves et autres précieux détails
du même tombeau *83, 84, 85 61*
H. 178-L. 260. — H. 190-L. 250. — H. 143-L.250. —
Trois dessins au lavis.

Espèce de temple sur lequel sont en relief des mains

et pieds votifs, en terre étrusque. *86, 87, 88, 89*
                                        62, 63

H. 237-L. 173. — H. 137 L. 147. — H. 208-L. 146. —
H. 203-L. 144. — Les objets figurés sur ces dessins appartinrent à Peiresc, ils sont inventoriés dans l'inventaire des
Raretez trouvées : « Une pierre noire où il y a des mains
et autres figures. Deux piedz de marbre antiques jointz
ensemble et un autre aussy de marbre fort petit. »

Quatre pieds votifs, de bronze, de diamant et cristal,
   vus de onze faces. *90* 64

H. 253-L. 190. — Dessin lavé. Les quatre objets dessinés sur cette feuille sont désignés par ces quatre notes
manuscrites : *Pes æreus pensilis votivus. Pes gemmeus pensilis in jaspide. Pes gemmeus pensilis in crystallo. Pes ac
manus ærea pensilis.*

Sceau sur lequel on voit deux yeux et un né; et sur
   la même feuille un poids de bronze, formé du
   buste d'une femme le casque en tête, attaché
   par un anneau *91* 65

H. 125-L. 103. — H. 060-L. 179. — Deux dessins lavés.
La feuille a été coupée en deux et ainsi dédoublée.

Divinité égyptienne couronnée des cornes d'Osiris,
   entre lesquelles est posé un globe terrestre; vue
   de quatre côtés. *92, 93, 94, 95, 96* 66, 67, 68

H. 333-L. 136. — H. 333-L. 140. — H. 300-L. 130. —
H. 335-L. 154. — H. 206-L. 130. — Cinq aquarelles.

Tête de bronze coeffée d'une thiare égyptienne de
   jaspe *97* 68

H. 108-L. 078. — Dessin à la pierre noire avec des
touches de sanguine. On a collé au-dessous cette petite
note manuscrite qui semble de l'écriture de Peiresc :
« THIARA ÆGYPTIA cum aspide in fronte. Icuncula ærea. »
Cette tête de bronze appartenait à Peiresc. Elle est ainsi
inventoriée dans les RARETEZ... « Une teste de bronze cum
Thiara Ægyptia et aspide in fronte, cum incuncula ærea. »

Statue de Vulcain, boiteux; les Athéniens ont feint
   de le représenter vêtu comme pour voiler sa
   difformité; ils l'honoraient aussi comme fils
   d'Alcmène. *98* 69

H. 210-L. 090. — Dessin à la pierre noire.

Quatre figures de marmousets ou amulettes dont les
   femmes ornaient leur cou; vus de douze côtés.
                                        99 70

H. 160-L. 152. — Aquarelles. Petits objets égyptiens.

Quatorze autres amulettes, enfilées comme des
   perles *100* 70

H. 105-L. 196. — Aquarelles. Objets égyptiens.

Deux rangs d'autres amulettes. *101* 71

H. 192-L. 318. — Aquarelles. Objets égyptiens. Ces
objets et ceux qui sont mentionnés ci-dessus pourraient
avoir appartenu à Peiresc. On trouve en effet mentionnés
dans l'inventaire des Raretez trouvées dans le Cabinet de
feu M. de Peiresc « quantité de petitz marmouzetz et
figures égyptiennes ».

Plusieurs marmousets, du Cabinet de M. Antelmy,
   conseiller à Aix *102* 71

H. 260-L. 182. — Aquarelle. Objets égyptiens.

Enfant du premier âge, idole en terre verte, vu de
   cinq côtés différents. *103* 72

H. 229-L. 165. — Aquarelle.

Quatre figures d'Harpocrate enfant ou dieu du secret
   à l'un desquels est un oyseau de nuit à ses
   pieds, vu de dix-sept côtés différents.   *104* 73

H. 276-L. 180. — Aquarelle. Dans l'inventaire des
raretés trouvées chez Peiresc figurent « divers petitz
Arpocrates en bronze et un fort petit en argent ».

Une momie, un scarabée, une aile de papillon et
   une pierre gravée, montée à l'antique sur laquelle on lit ISIS ARIA, vu de dix faces différentes *105* 74

H. 268-L. 170. — Aquarelle. On voit sur cette feuille
quatre objets de divers côtés ce qui fait dix petits dessins.
Sur la pierre gravée montée en bague il y a ISIS FARIA.
On lit dans l'inventaire des raretés trouvées chez Peiresc :
« Anulus æreus in quo numus Juliani ISIS FARIA. »

Chien égyptien et couché; c'est le même que celui
   de la page 184; en terre et en bois. *106, 107* 75

H. 204-L. 125. — H. 203-L. 144. — Deux aquarelles.

Fragment d'une table hyérogliphique ou isiaque
   telle que l'obélisque devant Saint-Pierre de
   Rome; accompagné d'une notice italienne attribuée au savant Peiresc . . .   *108, 109* 78

H. 208-L. 160. — H. 208-L. 141. — Deux aquarelles. La
notice en langue italienne est au folio 79.

Terre égyptienne consolidée par des anneaux.
                                        110 76

H. 380-L. 130. — Aquarelle.

Autre fragment de terre égyptienne avec des com-
partiments dans lesquels sont des Hyerogli-

Instrument à sacrifice porté par son ceinturon. . .
133

Je ne sais à quoi se rapporte cette mention.

Épée antique en bronze. *134* 100

H. 788-L. 270. — Pierre noire.

Étrille ou peigne à l'usage du bain. . . *135* 101

H. 290-L. 102. — Aquarelle. Cet objet appartint à Peiresc. Voy. l'inventaire des Raretés : « Des strigilles antiques dont on se servoit aux bains. » Elle fut ensuite à Sainte-Geneviève. (Du Molinet. Le Cabinet de Sainte-Geneviève, pl. 11, n° VII). Voy. le catalogue des bronzes antiques de Babelon, n° 1809.

Autre dans son manche vissé. *136* 101

H. 259-L. 199. — Aquarelle. Cet objet appartint à Peiresc, comme le précédent.

Tablettes numérales *137* 102

H. 253-L. 167. — Lavis. L'objet représenté ici est un abaque de bronze à boutons mobiles, ou tablette à compter. Il appartint à Peiresc. (Voy. Inventaire des Raretés...) Il passa ensuite au cabinet de l'abbaye de Sainte-Geneviève. (Voy. Du Molinet. Le cabinet de la Bibliothèque de Sainte-Geneviève, pl. 11, n° 1, et notice explicative, p. 23.) Il est maintenant au cabinet des Antiques de la Bibliothèque Nationale. (Voy. Babelon. Catalogue des bronzes antiques, n° 1923). Un passage d'une lettre de Peiresc à Saumaise du 2 octobre 1634 (B. N. Ms., coll. Dupuy, vol. 667, fol. 179) nous montre que l'abaque du cabinet des Antiques est bien celui de Peiresc : « ... comme dans le mien antique, à travers la note du Million, quelque pareil inconvénient a fait *une espèce de fausse raye qui traverse de haut en bas non seulement la lettre X, mais aussi les barres du dessus et du dessous dans lesquelles elle est enfermée.* Et ce qui monstre que ce n'est pas de l'essence de la note primitive, ny de l'intention du graveur de l'y comprendre, c'est qu'elle descend un peu obliquement et quasi en escharpe, selon que peut eschappé le fer ou autre instrument qui peut avoir ainsy marqué par hazard cette placque en tombant dessus ou autrement. »

Trépié d'une sybille *138* 103

H. 311-L. 201. — Plume et lavis. Voy. un autre dessin de ce trépied, au tome I du cabinet Peiresc, p. 64.

Flos lapidescens ; trouvée à la campagne de M. Porciolx au diocèse d'Aix, et donné par [lui] à M. le comte de la Farre *139* 104

H. 182-L. 240. — Aquarelle.

Cornes extraordinaires de lièvre *140* 104

H. 245-L. 190. — Aquarelle. Ces cornes furent achetées par Peiresc à Louvain, en 1606, au cours de son voyage en Europe septentrionale. V. Gassendi. Vie de Peiresc, La Haye, 1651, p. 131.

Sept agraffes pour les vêtements des anciens, à l'une est le médaillon d'un Empereur. . *141* 105

H. 230-L. 179. — Lavis.

Huit autres agraffes avec figures d'animaux. . . . . .
142 105

H. 220-L. 170. — Lavis. Cinq de ces agrafes ont été reproduites par Montfaucon, *Antiquité expliquée*, t. III, 1re partie, pl. 30.

Cinq petits poids en forme de glands. . *143* 106

H. 106-L. 158. — Dessin à la plume.

Bague de sardonix d'Arabie sur laquelle est une tête en camée ; son anneau est en argent autour duquel on lit *Caput Sancti Petri* . . . *144* 106

Nota. — Cette bague a été trouvée en 1633.

H. 132-L. 190. — Aquarelle. Voy. au sujet de cette bague qui paraît avoir été la propriété de l'archevêque de Lyon, Alphonse du Plessis de Richelieu, frère du cardinal-duc, la lettre de Peiresc à Guillemin, du 25 avril 1633.

Autre bague en or, trouvée en 1629, sur laquelle est cette devise : *Tecla vivit Deo cum marito suo.* . .
145, 146 107

Cachet d'or sur lequel on lit : *In Deo vivas.* . . . . .
145, 146 107

H. 200-L. 204. — H. 280-L. 210. — Deux feuilles dessinées à la plume et au lavis. Peiresc acheta la bague à Arles en 1629. Voy sa lettre à Dupuy du 28 juillet 1629. Elle a été reproduite par Montfaucon, *Antiquité expliquée*, t. III, 1re partie, pl. 32. Le cachet, qui n'était pas en or, appartint aussi à Peiresc. Voy. Inventaire des Raretés : « In sigillo æreo, inscription Vivas in Deo. » Il appartint ensuite au cabinet de Sainte-Geneviève (Voy. Du Molinet, pl. 8, n° 6) et se trouve maintenant au Cabinet des Antiques de la Bibliothèque Nationale. (Babelon, Catalogue des bronzes antiques, n° 2389.)

Couronne, ou plustot ceinture antique de vermeil, enrichie de pierres précieuses, brisée par des charnières d'un travail étonnant : le milieu est orné du médaillon en agathe d'un empereur.

Nota. — Cette pièce a été trouvée en 1605, en Provence proche la Durance dans un sépulcre antique où étoient encore les ossements. Une note

RARETEZ TROUVÉES

DANS LE CABINET DE FEU MONSIEUR DE PEIRESC

PAR-DESSUS LES MÉDAILLES, GRAVEURES ET PIERRES PRÉCIEUSES

EX BIBLIOTHECA SANCTI VICTORIS PARISIENSIS

Un certain nombre de ces objets sont dessinés dans l'un ou l'autre des deux volumes du cabinet Peiresc; nous indiquons entre crochets à la suite de la mention de ces objets, par un chiffre romain le tome, par des chiffres arabes le folio, où se trouve maintenant chacun de ces dessins. (Voy. dans le ms. français (B. N.) 9534 folio 2, inventaire des médailles, gravures, pierres pretieuses et poids antiques du cabinet de feu de M. de Peiresc.)

MUNDUS MULIEBRIS

Premièrem' deux brasselletz d'or antiques.

Un aneau d'or dans lequel est enchassé une médaille d'Antonin Pie, qui pèse en tout 6 pistolles.

Un autre aneau d'or, Ara genialis, avec l'inscription TECLA VIVAT DEO CUM MARITO SUO [II, 107.]

Annulus aureus quatuor margaritis exutus.

Annulus auri mollis cum margaritis.

Annulus argenteus in quo jaspis cum icunculis Dianæ inter Martem et Victoriam.

Annulus argenteus in quo sardonix arabica aureo circulo inclusa, argentum nigellum vermiculatum est.

Aneau de sardoine avec une teste gravée et une inscription allentour.

Un autre aneau de chrystal avec un camayeul de la teste d'une femme au-dessus.

Anulus æreus in quo numus Juliani ISIS FARIA. [II, 74.]

Un aneau de cuivre.

Anulus ferreus in quo flosculus argenteus.

Anulus antiquus dicis (?) causa potius fabrefactus quam quo uti quisquam posset, in sardonice excisa icuncula somni.

Anuli duo exigui cum stalagmio aureo Romæ eruti.

In sigillo æreo, inscription : Vivas in Deo. [II, 107.]

Achates excisus in quo Alexander magnus in fibula aurea.

Onice cerclée d'or qui souloit estre en bague de fer.

Onice dans laquelle est enchassé un cercle d'or.

Fibulæ aureæ dans une petite boitte.

Crochet d'or antique.

Crochet d'or enrichy d'un petit rubis où il y avoit une perle à l'un des boutz.

Acus crinales aureæ.

Acucula aurea antiqua.

In aures exscilindris.

In aures ærei ex margaritis.

Fibula aurea cum figura.

Une petite chaîne d'or antique et une médaille d'or d'Antonin, le tout dans un papier.

Lampades vitreæ exiguæ dicis causa fusæ l'ezzetto del Paragonio.

Telum æreum.

Une teste d'agathe.

Viriolæ, ex smaragdis et carbunculis, cathenulæ,
acus crinales.

Fragmentum armillæ argenteæ ex gemmis.

Un tour de col à fuselletz et goutelettes, *stalagmia et
elenchi* seu indices.

SUPELLEX PRETIOSIOR.

Il y a dans un papier LATRUNCULI GEMMEI LUSORII,
n° 25.

Dans un autre papier TALI GEMMEI ET TESSSELLE,
n° 22.

Dans un autre papier TESSELLE ASTRAGALI, etc., ICUN-
CULE PENSILES ÆGYPTLE [II, 70, 71].

Diadème antique de Claudius avec les fragments
d'icelluy où est le camayeul dudit Claudius
d'agathe fort beau.

Dans un papier il y a : camayeulz d'esmail antique
et autres fragmentz de verres prétieux.

Dans un autre papier : SCRUPI LUSORII vitrei et antiqui eburnei.

Dans un autre papier : un morceau de chrystal.

Dans un autre papier : grains d'esmail antiques.

Dans un autre papier : bouclier estoillé en calcédoine
et une coquille de christal

Dans un autre papier : L'ŒIUL D'UNE MOMYE d'esmail
antique, mais il a esté repolly.

Dans un autre papier : une boucle antique garnie de
fausses pierres et une autre de cuivre.

Dans un autre papier : le PLECTRUM dont Apollon
sonne sa lyre en calcédoine et des morceaux
d'une bague gravée de ladite pierre.

Dans un autre papier : scilindres de cuyvre enfilez
par leur longueur.

Dans un autre papier : Bullæ pensiles.

Dans un autre papier : 8 anuli veteres.

Dans une boitte longue cottée : SMALTI et GEMMÆ.

Il y a deux pacquetz l'un cotté SMALTI et l'autre
GEMMÆ.

VASES ANTIQUES D'ARGENT.

Bronze, albastre, ametiste, presme d'esmeraude et
d'autres diverses matières.

Premièrement un vase antique d'argent avec diverses figures de relief tout allentour [I, 58].

Deux vases antiques d'argent l'un dans l'autre en
forme de crane de teste humaine où sur le plus
grand est escript OYENIKOIMEDOY [I, 88 ; II, 13].

Divers vases et mesures de bronze antiques parmy
lesquelz l'on voit le congius, l'amphora, le
cyathe et autres.

OVUM ALABASTER fort antique servant à l'onction du
couronnement des empereurs [I, 60 ; II, 15].

Ung autre petit vase d'albastre antique avec ses
ances garny d'or venu du cardinal Barberin.

Un autre vase antique d'albastre en forme d'escuellon.

Un petit vase d'améthiste.

Six petitz vases de presme d'esmeraude.

Trente-six vases tant grandz que petitz de bezoard
minéral avec une grande cuillier de mesme
matière.

Un vase de nacre.

Un grand vase de cristal de roche en forme de lampe
antique.

Un grand vase antique de verre bleu avec deux testes
d'esmail blanc.

Un vase antique de marbre grisastre en forme de
couppe.

Un vase de marbre antique jaspé.

Deux vases de paste antiques.

Quatre grandes urnes de verre antiques.

Quantité de testes antiques de bronze qui servent de
mesures, quelques-unes avec des ances en
forme de vases.

Diverses lampes de cuivre et de terre antiques la
plus part avec des figures et inscriptions.

Divers larmoirs antiques de verre et de terre.

Deux grandz vases de marbre antiques.

Douze ou quinze vases antiques de terre tant grandz
que médiocres représentants divers figures hu-
maines et d'animaux.

Un vase antique de terre fort extraordinaire représentant une forme humaine qui tient une urne
entre ses bras.

FIGURES DE BRONZE ANTIQUES

GRANDES ET PETITES ET POURCELAINE

Diverses petites figures de bronze.

Un dieu Priape.

Un Icare [II, 28 ?]

Plusieurs testes de bronze antiques.

Des petits astragales en forme de figure humaine.

Deux figures de pourcelaine chinoises.

STATUES DE MARBRE
ET DE PIERRE ANTIQUES

Premièrement le LECTISTERNIUM de marbre avec son couvercle et quantité de belles figures à l'entour, auquel on voit tous les ordres de l'architecture parfaitement bien observez [II, 57 à 61].

Une grande figure de pierre fort antique et très belle d'une prestresse ou pythonisse appuyée sur un trépied [II, 45].

Une statue de pierre de Crinas, fondateur des murailles de la ville de Marseille [II, 44].

Une autre figure de marbre fort belle représentant...

Une teste de marbre antique mitrée à la Marseilloise [II, 41].

Une autre teste de la déesse Isis en pierre. [II, 42].

Une figure d'une femme aussy en pierre peinte à l'égyptienne [II, 43].

Une teste à deux corps de DRUSUS CLAUDIUS IMP. en marbre [II, 54].

Une teste d'un satyre et plusieurs autres testes de marbre fort antiques et curieuses.

Une figure d'une idole d'yvoire antique garnie d'argent doré et enrichie de huit ou dix rubis ou carboucles qui sert de manche à un coutelas [II, 38].

Un vase antique de pierre en forme de canopus avec quantité de lettres hieroglyphiques. [II, 55].

Ung autre vase de mesme sans hiéroglyphiques.

Fragmentum tabulæ marmoreæ in qua mundi sistema sculptum erat lineari pictura exquo supersunti cunculæ planetarum SATURNI LUNÆ MERCURII VENERIS et unius e ventis a mari emergentis. [II, 52].

Diverses inscriptions antiques en marbres et pierres hébraïques, grecques et latines, parmy lesquelles il s'en trouve une faicte en faveur de Borysthènes, cheval de l'empereur HADRIAN.

Une pierre noire où il y a des mains et autres figures [II, 62].

Deux piedz de marbre antiques joinctz ensemble et un autre aussy de marbre fort petit [II, 62, 63].

FIGURES DE BRONZE
ET AUTRES ANTIQUITÉS ÉGYPTIENNES

En premier lieu une grande momye toute entière couverte de cartons peintz représentant les déitez des Egyptiens et quantité d'hiéroglyphiques [II, 77, 80, ?].

Peinture antique égyptienne sur du carton avec quantité d'hiéroglyphiques.

Deux oyseaux de bois peintz et dorez à l'égyptienne trouvé avec les momyes [II, 81 ?].

Une autre figure égyptienne de bois fort antique eu forme de renard.

ELENCHI PENSILES GEMMEI, VITREI, FICTILES ÆREI ANTIQUI.

La figure de la déesse ISIS en bronze [II, 66, 67, 68].

Plusieurs déitez en forme de canopus qu'on trouve avec les momyes.

Quantité de petitz marmouzetz et figures égyptiennes [II, 71].

Une teste de bronze « cum thiara eygptia et aspide in fronte, cum icuncula ærea » [II, 68].

Divers petitz ARPOCRATES en bronze et un fort petit en argent [II, 73].

Plusieurs petites figures égyptiennes de canopus et scarabées [II, 74].

INSTRUMENTZ DE SACRIFICES
DE BRONZE

Sçavoir diverses sortes de SECESPITA, SECURIS, PATERA, PUGIONES, SYMPULUM.

Varia MANUBRIA seu CAPULI CULTRORUM aut SECESPITARUM seu potius GLADIORUM aut SICARUM e manubriis.

SYMPULUM ÆREUM antiquum, MYSTRI MENSURAM CYATHI CAPIENS.

SYMPULA, COCHLEARIA LIGULÆ USQUE
AD DRAGMULAS ET OBOLOS CYATHI

SPATULA ÆREA ANTIQUA.

QUARTARIUS LIGULÆ seu COCHLEARIS ÆREUS figura orbiculari.

LIGULA quæ CYANEN seu CHEMEN æquat seu cochleria bina.

SELIGULA seu COCHLEAR ÆREUS figura linguæ respondens sicilico.

COCHLEARIUM seu LIGULA Marcelli semidragmalis fuit.

SELIGULÆ vel SEMICOCHLEARIA ÆREA ANTIQUA respondentia SEMUNCIÆ.

QUARTARIUS LIGULÆ seu COCHLEARIS ex ebore viridi.

OCTAVA LIGULÆ seu COCHLEARIS pars EBURNEA, seu LIGULA MINIMA.

OCTAVA LIGULÆ seu COCHLEARIS DRAGMÆ respondens in uncia.

LENTICULA seu LAGENULA plombea antiqua COCHLEARIS mensuram capiens.

LIGULA GEMMEA seu vitrea antiqua COCHLEARIS mensuram capiens.

LARMOIR DE PLOMB CLAUDI MAƆƆIZ SELIGULÆ aut SEMICOCHLEARIS mensuram non excedens.

POCILLUM ÆREUM seu SCYPHUNCULUS SELIGULÆ mensuram non excedens.

VASILLUM seu SYMPULA ÆREA COCHLEARIS OCTAVAM Em partem capiens DRAGMÆ respondens.

DUPLA CYANE seu SCUTELLA ÆREA CYANEN BIS capiens aut COCHLEARIA QUATUOR.

DUELLA pro SICILICO seu BINIS DRAGMIS.

DUELLA ÆREA Forojulii effossa.

CYATHUS fictilis non ansatus.

VASILLUM fictile CYANIS mensuram capiens.

SELIQUA seu [VASILLUM ÆREUM antiquum, vicesimam quartam. COCHLEARIS capiens seliquæ seu dimidii vascoli figura, cujus proportio respondet SCRUPULO unciali vel XXIIII^{to} COCHLEARIS.

POCILLA seu CENTRA POCILLORUM PILÆ PONDERALIUM, respondentia proportioni SCRUPULI ac OBOLI uncialium seu mensuræ portionum XXIII^{tae} ac XLVIII^{tae} ligulæ.

Escuellon du duc d'Arscot in TRIENTE PONDERALI mensura CYANES seu dupli cochlearis invenitur. 10 septembris 1632 exactæ hujusmodi mensuræ respondebant CYANÆ cochleario, seligulæ et scrupuli, seu seliquæ vel XXIII^{ta} cochlearis.

Die sequenti reperta linea sub labiis interioribus secundi syphunculi quæ SICILICI velquartæ cochlearis mensuram metitur.

Une cuillier d'argent antique au-dedans de laquelle il y a en relief un Mercure avec les animaux qui lui estoient dediez comme la chèvre, le coq et la tortue [II, 98].

Une autre cuillier d'argent antique au-dedans de laquelle est représenté un daulphin [II, 98].

Une autre cuillier de marbre grisastre antique et deux cuilliers de porcellaine fort beaux avec les manches d'argent.

PIÈCES DESTACHÉES

Le trépied antique de bronze [I, 64, II, 103].

L'abacus antique fort rare [II, 102].

Des strigilles antiques dont on se servait aux bains [II, 101].

Le fer d'une hallebarde de bronze antique à trois branches.

Un ΕΠΙΣΤΟΜΙΟΝ ÆREUM fort antique. [II, 99].

Quantité d'aneaux et seaux de bronze et cuivre antiques des plus illustres maisons de l'Europe.

Diverses pierres, congélations et raretez de mer, avec des coraulx rouge blanc et noir de diverses façons et différentes productions.

Quantités de pétriffications de différentes feuilles d'arbres, de fruitz, fleurs, poissons, cœurs de mer, hérissons, escrevisses, langues de poissons, champignons, os humains, espées, fers de cheval, hamessons et autres raretez.

Deux cornes de liebvre. [II, 104].

Un tableau de la main de Mons. Rubens représentant l'apothéose d'Auguste tiré sur l'original qui est en agathe à la Ste-Chapelle de Paris.

Un autre tableau de la main de M. Nicolas . . . . . de l'apothéose d'Auguste vivant tiré sur l'original de l'agathe qui est aujourd'huy au cabinet de l'Empereur.

Un autre tableau de grizaille représentant le vase très rare du cardinal del Monte.

Un autre tableau représentant la façon des mariages et nopces des anciens avec plusieurs autres des hommes illustres du siècle.

Un autre tableau de la main de Chalette représentant les comtes de Thoulouze.

TABLE DES MATIÈRES

TABLE DES PLANCHES

Achevé d'imprimer à Paris,

le 15 novembre 1909,

par J. DUMOULIN,

5, rue des Grands-Augustins.

———

Fac-similés

par ANDRÉ MARTY,

20, rue Bertrand.

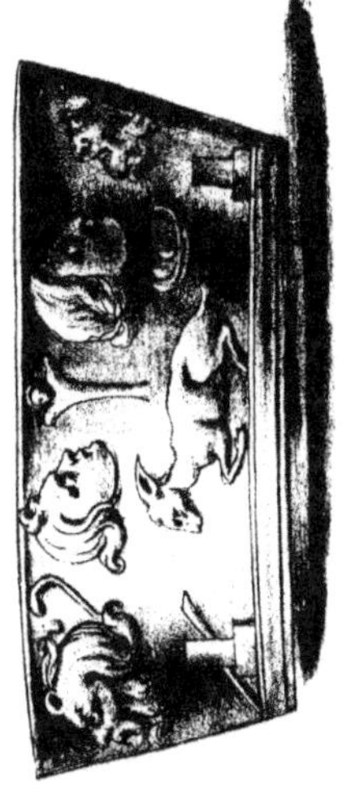

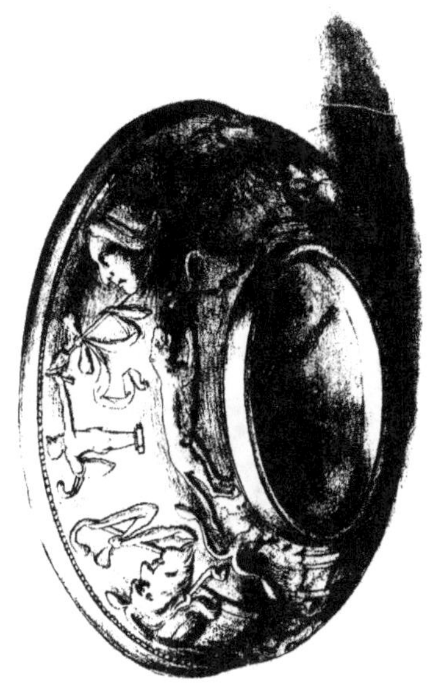

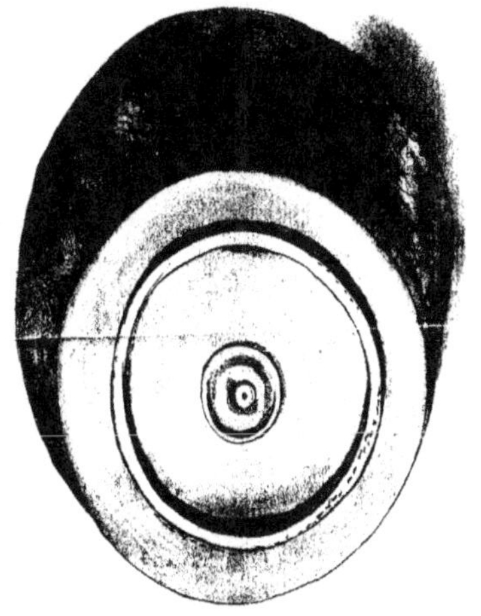

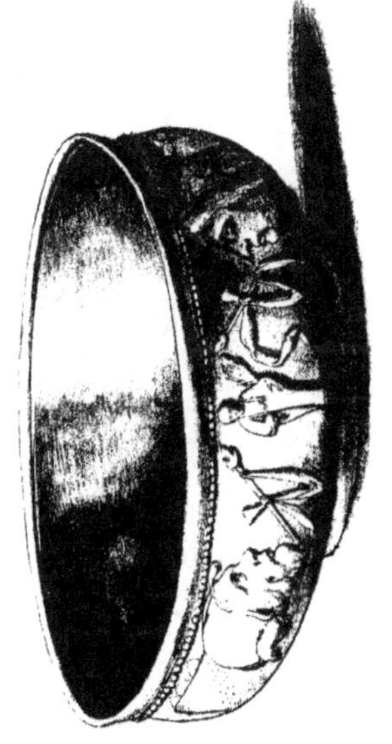

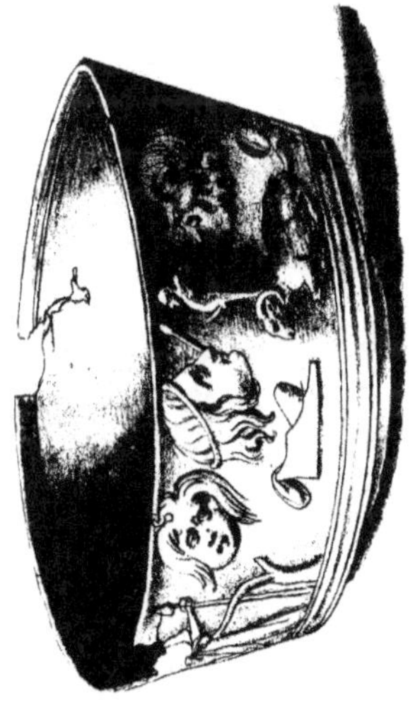

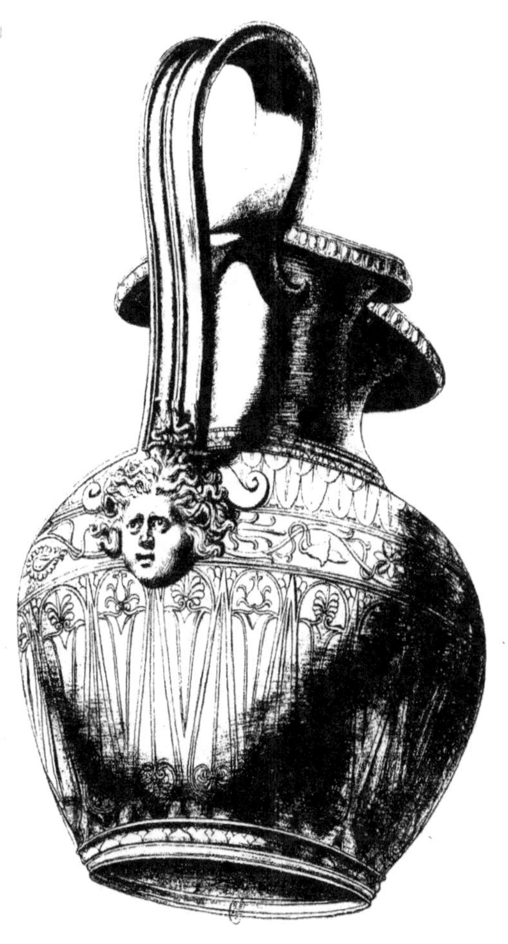

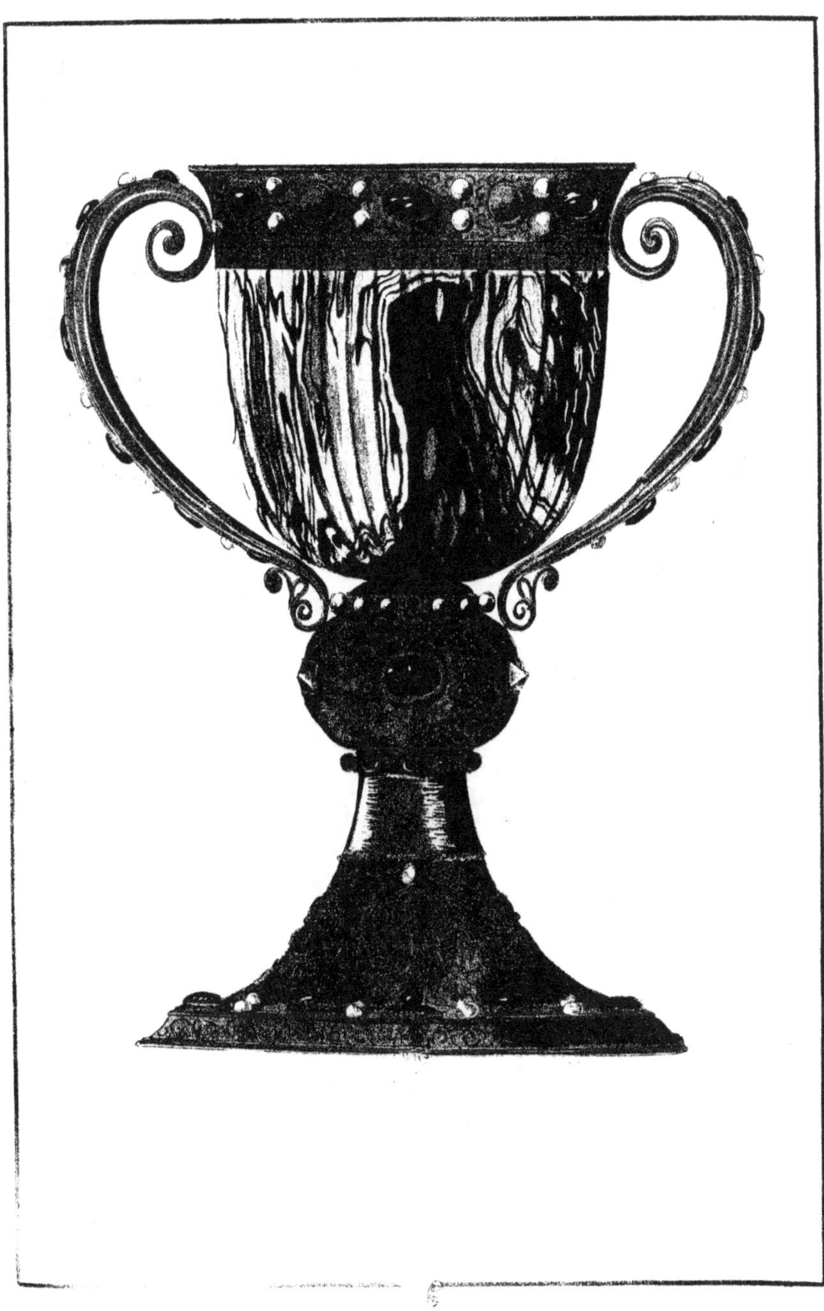

Pl. III

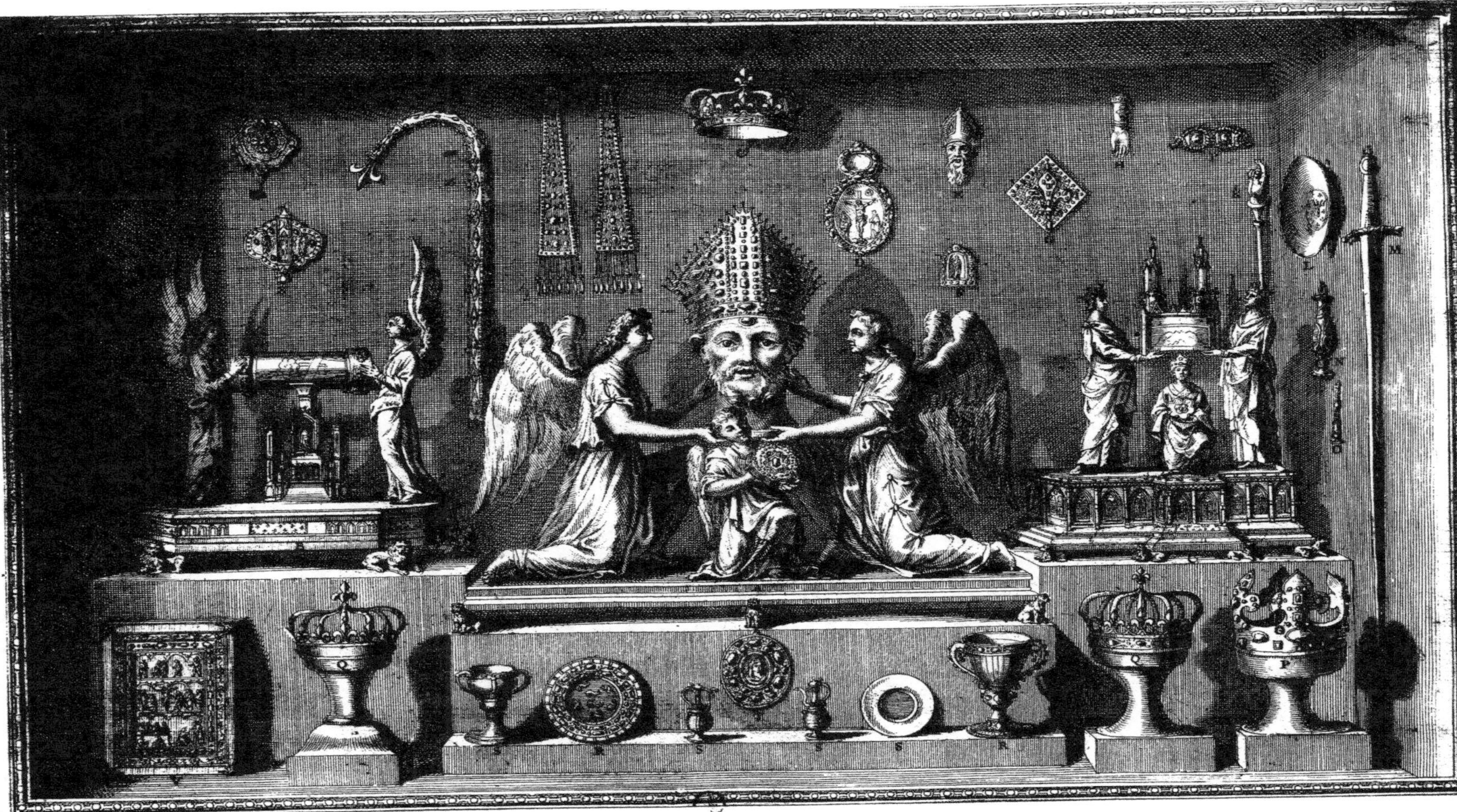

PL. IV

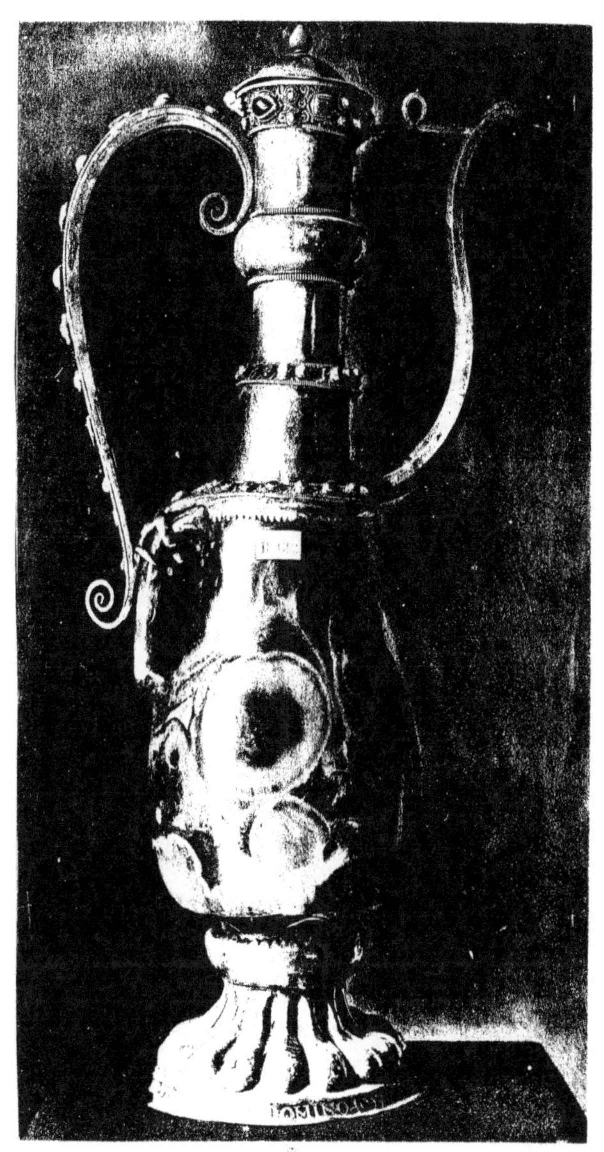

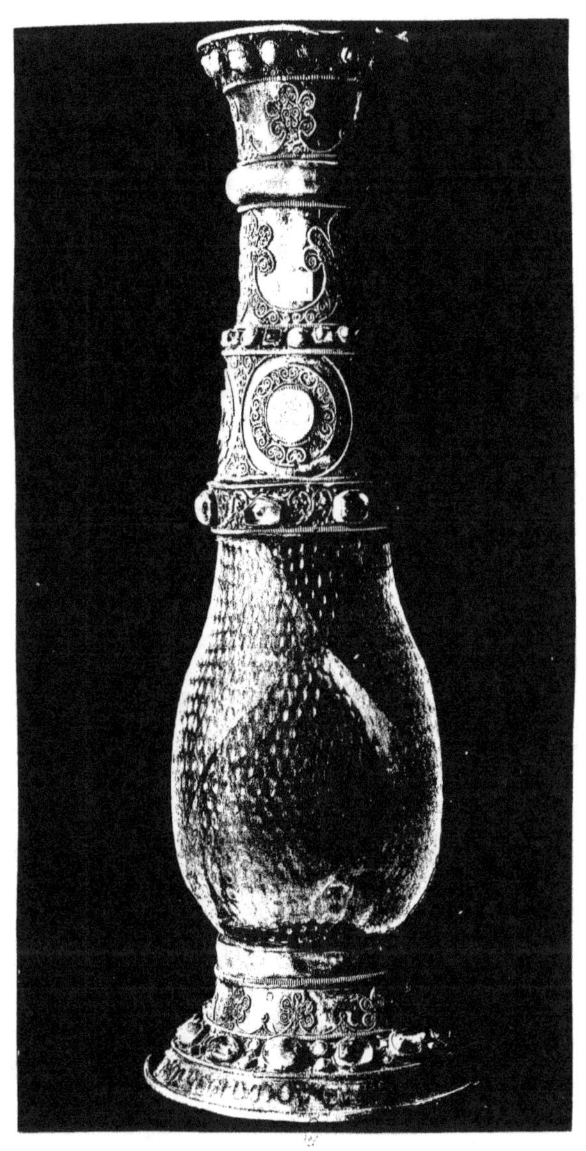

Pl. VI

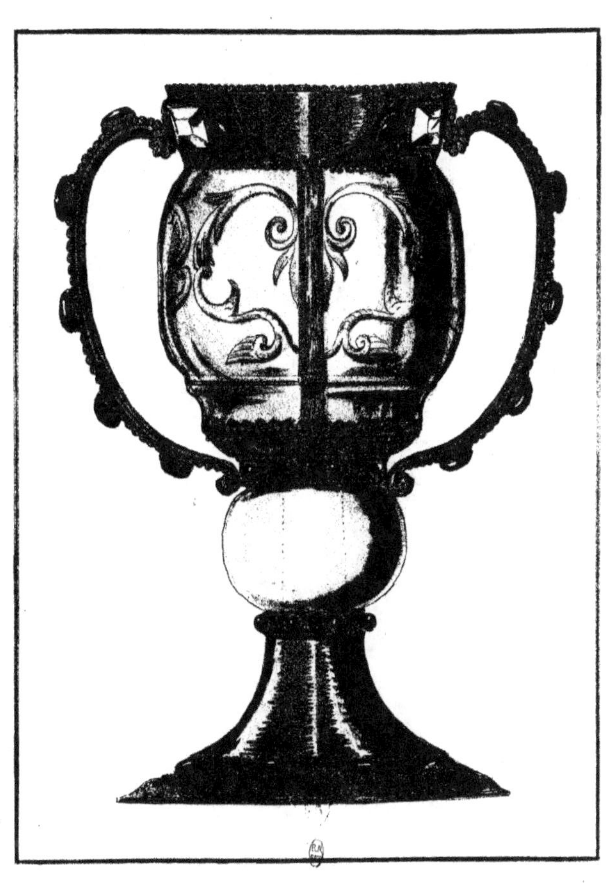

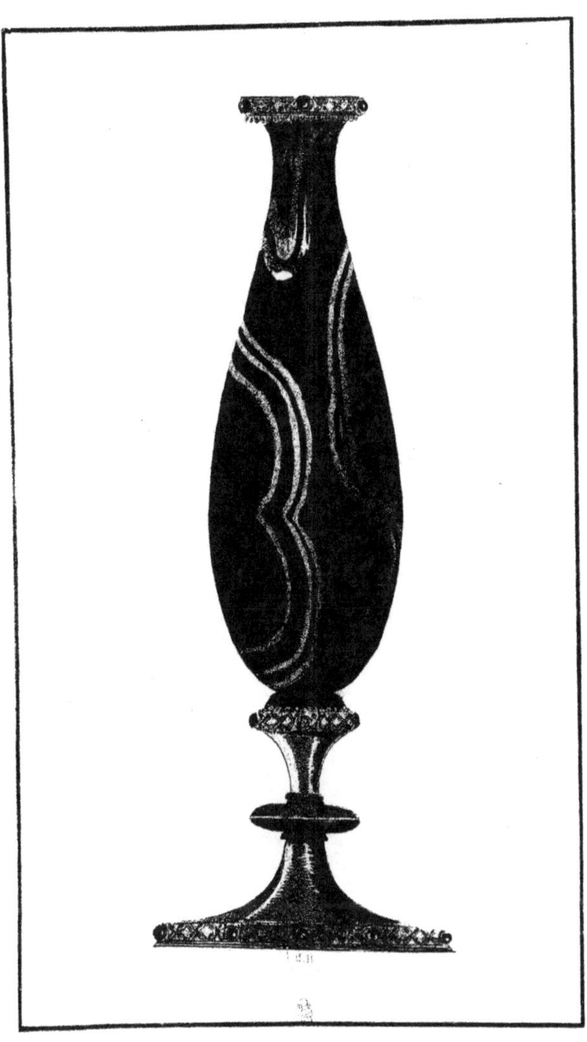

Pl. VIII

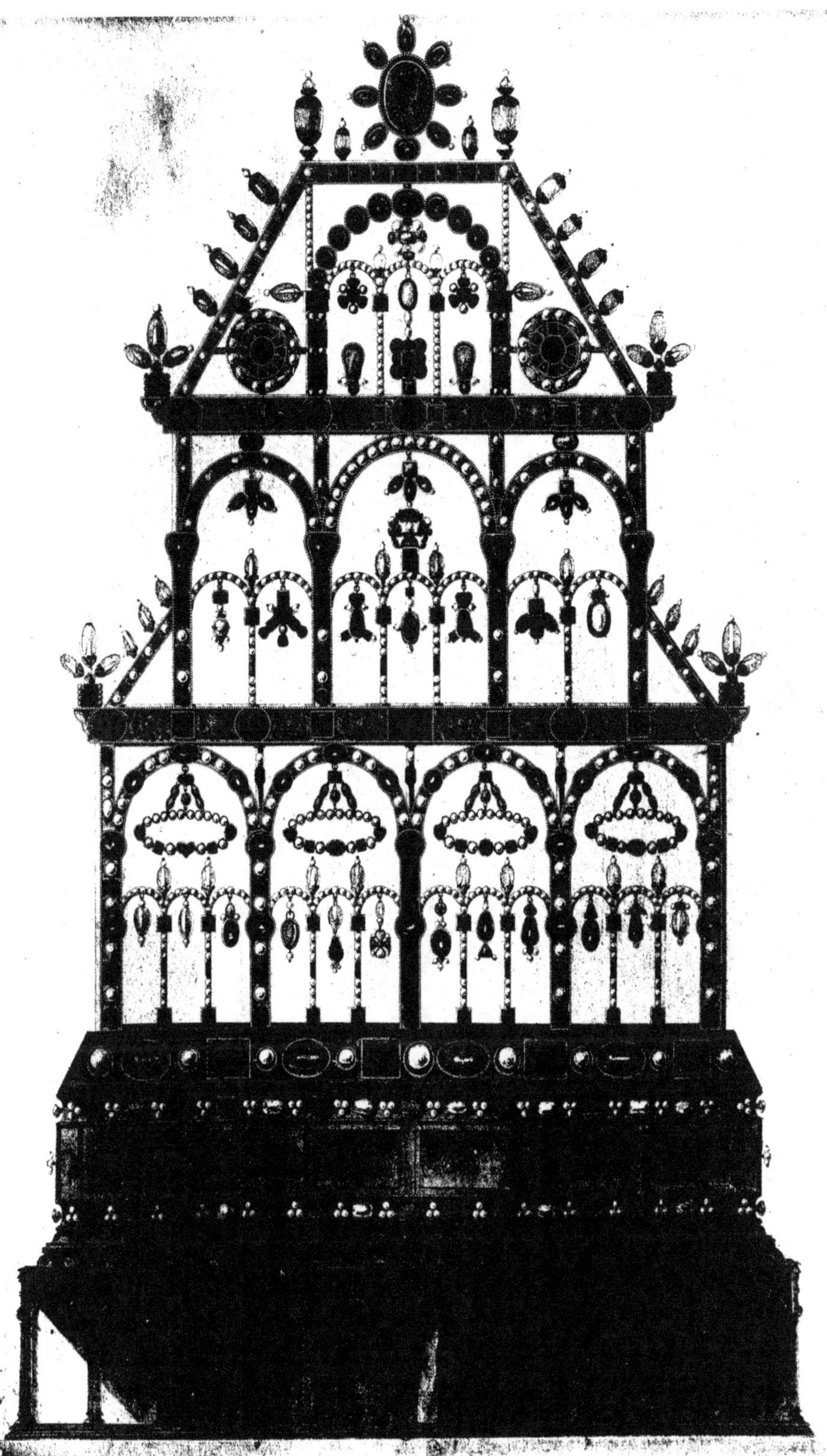

Pl. IX

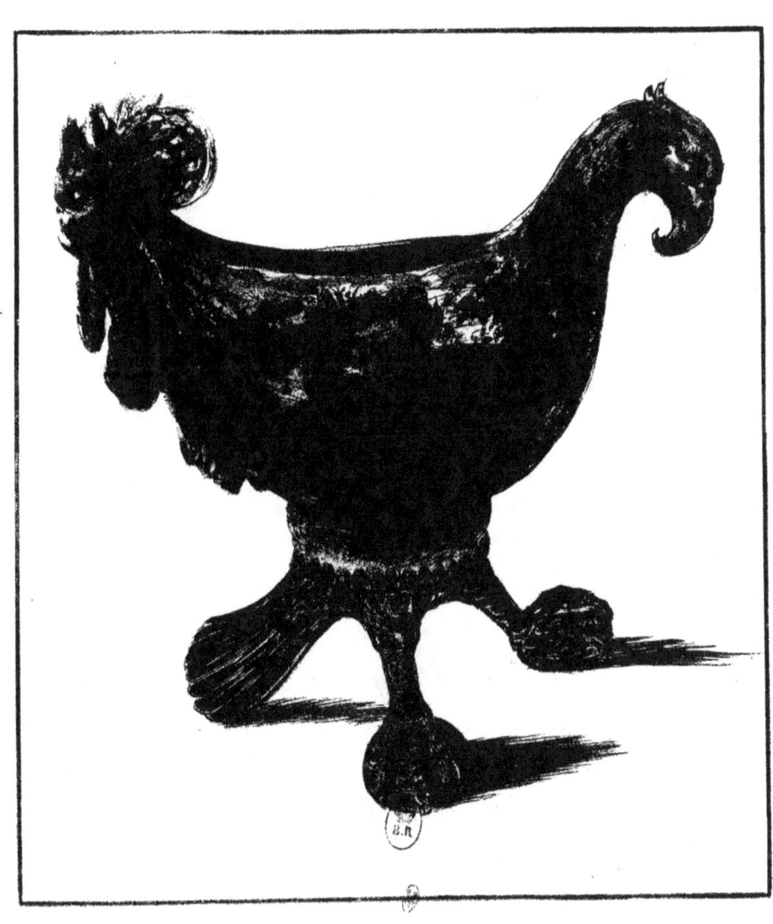

Pl. X

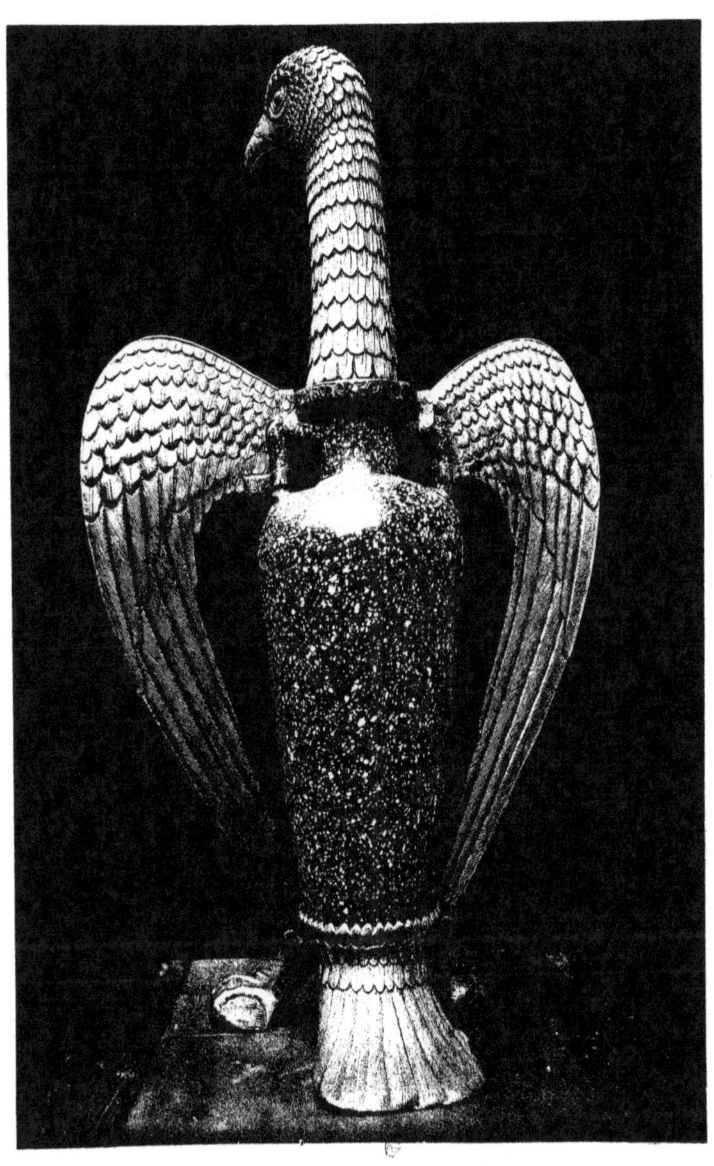

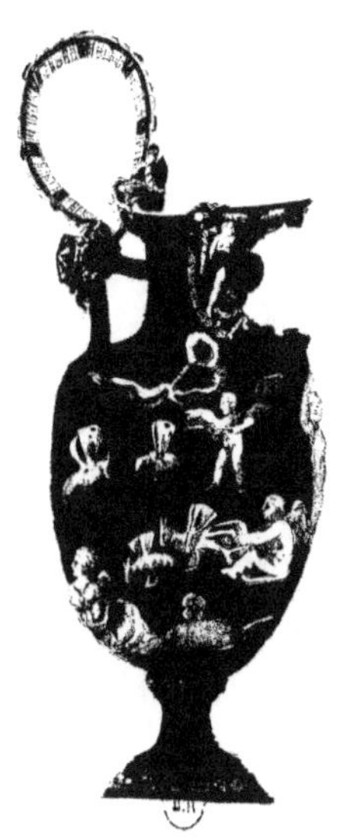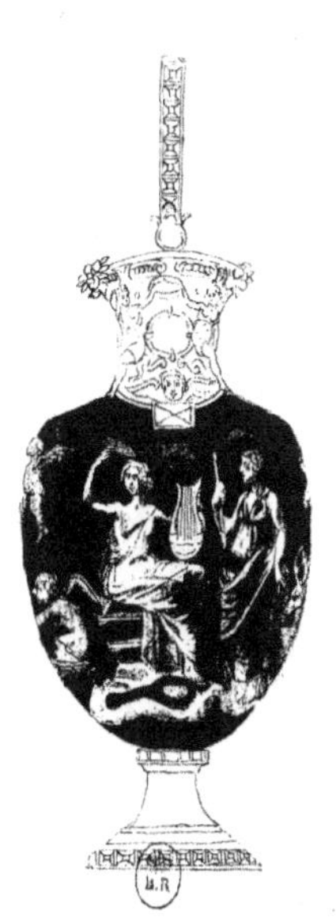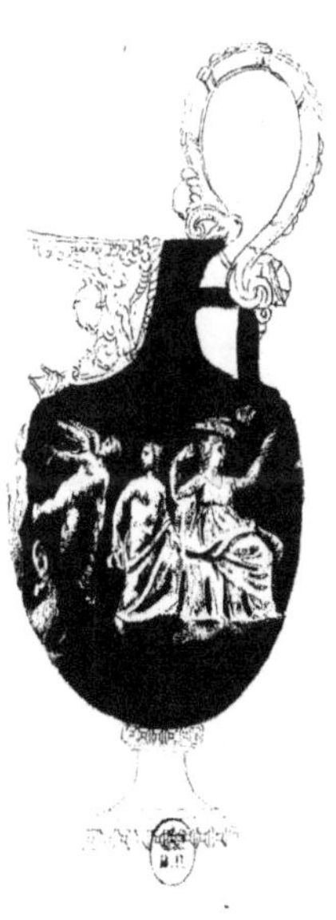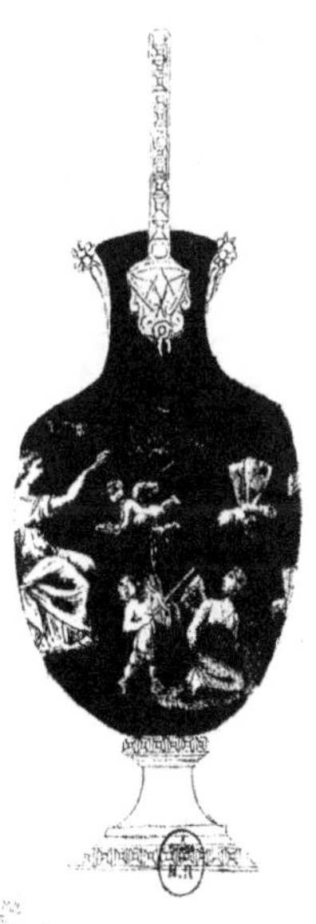

Pl. XII

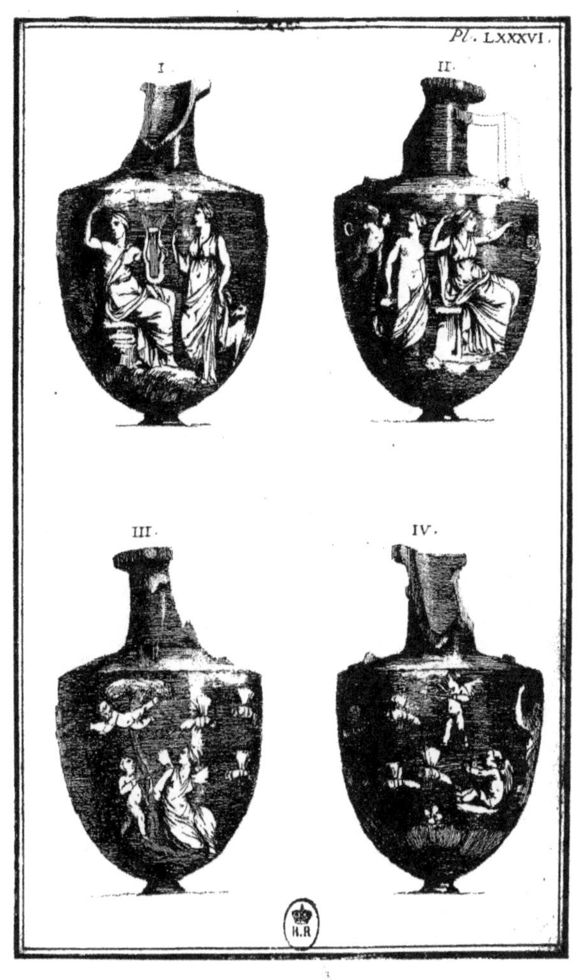

Pl. XIII

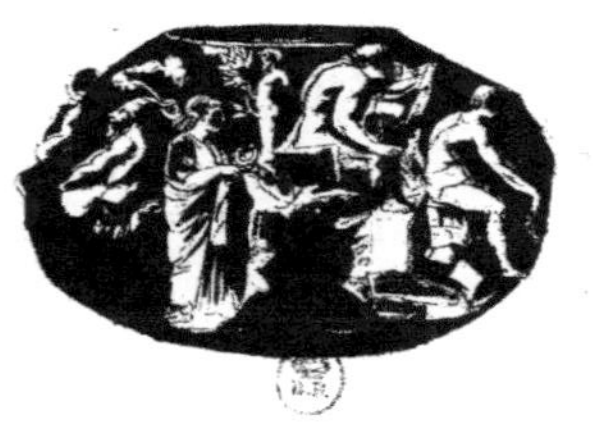

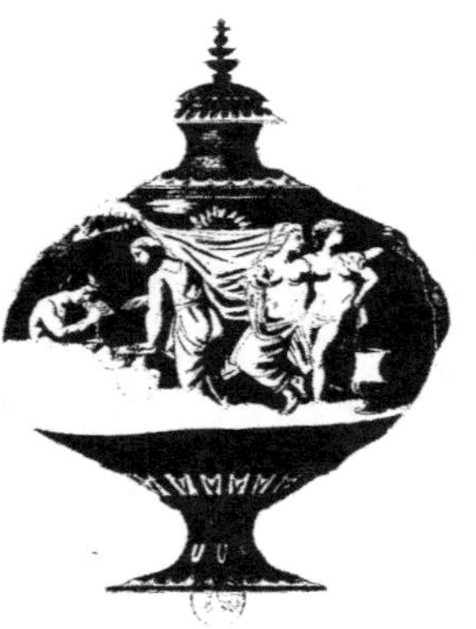

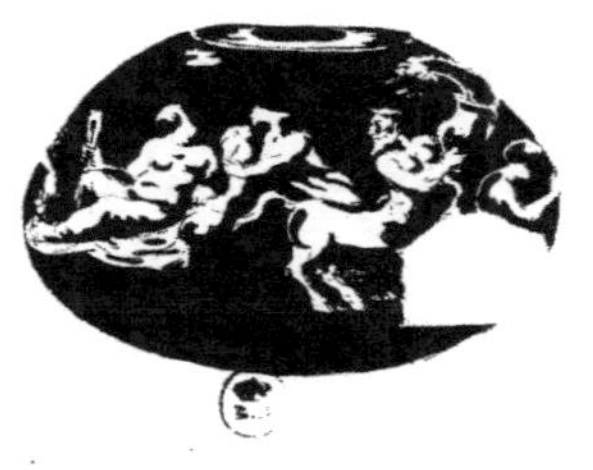

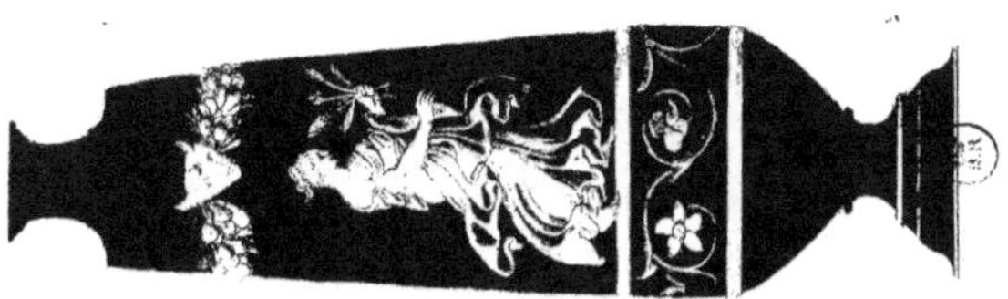

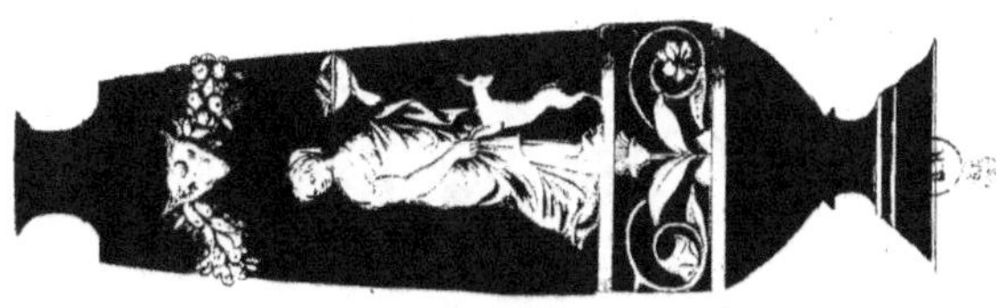

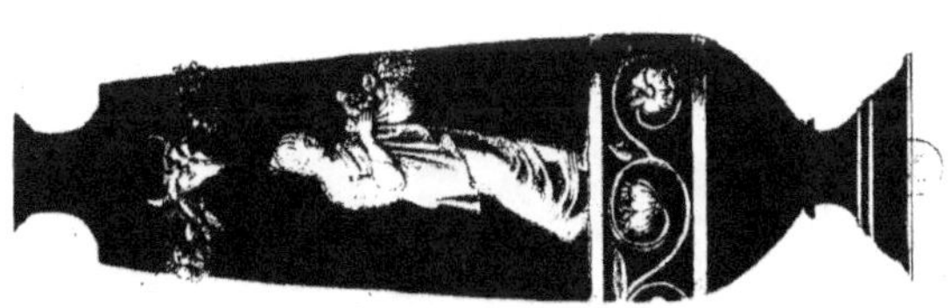

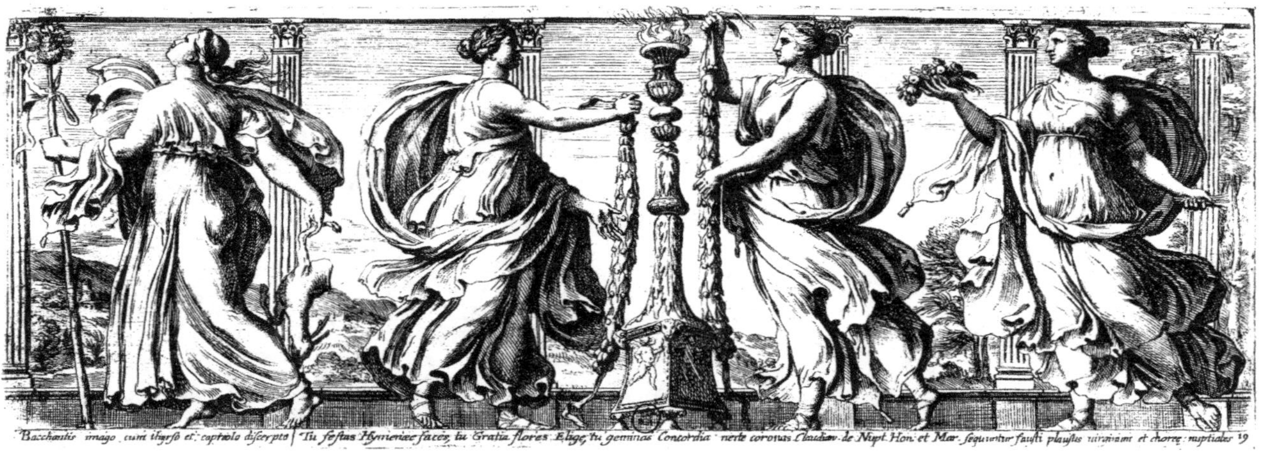

Bacchantis imago cum thyrso et capitolo discerpto | Tu festas Hymenæe faces, tu Gratia flores Elige, tu geminas Concordia necte coronas Claudian. de Nupt. Hon. et Mar. sequuntur fausti plausus uiraniam et choreæ nuptiales 19

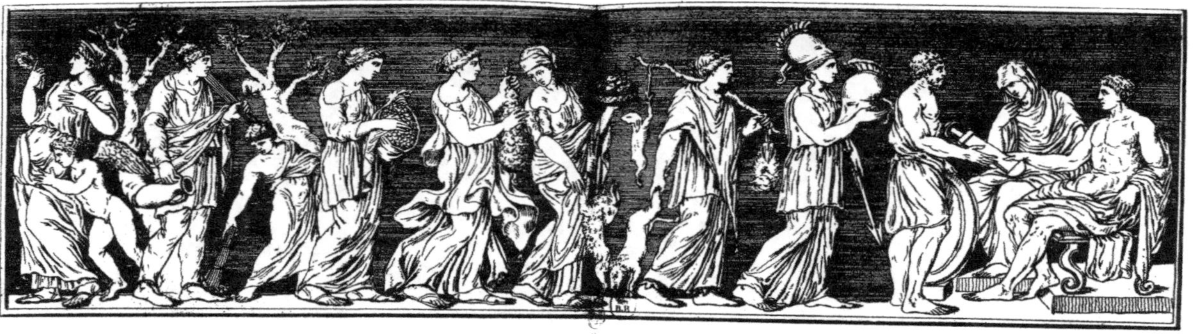

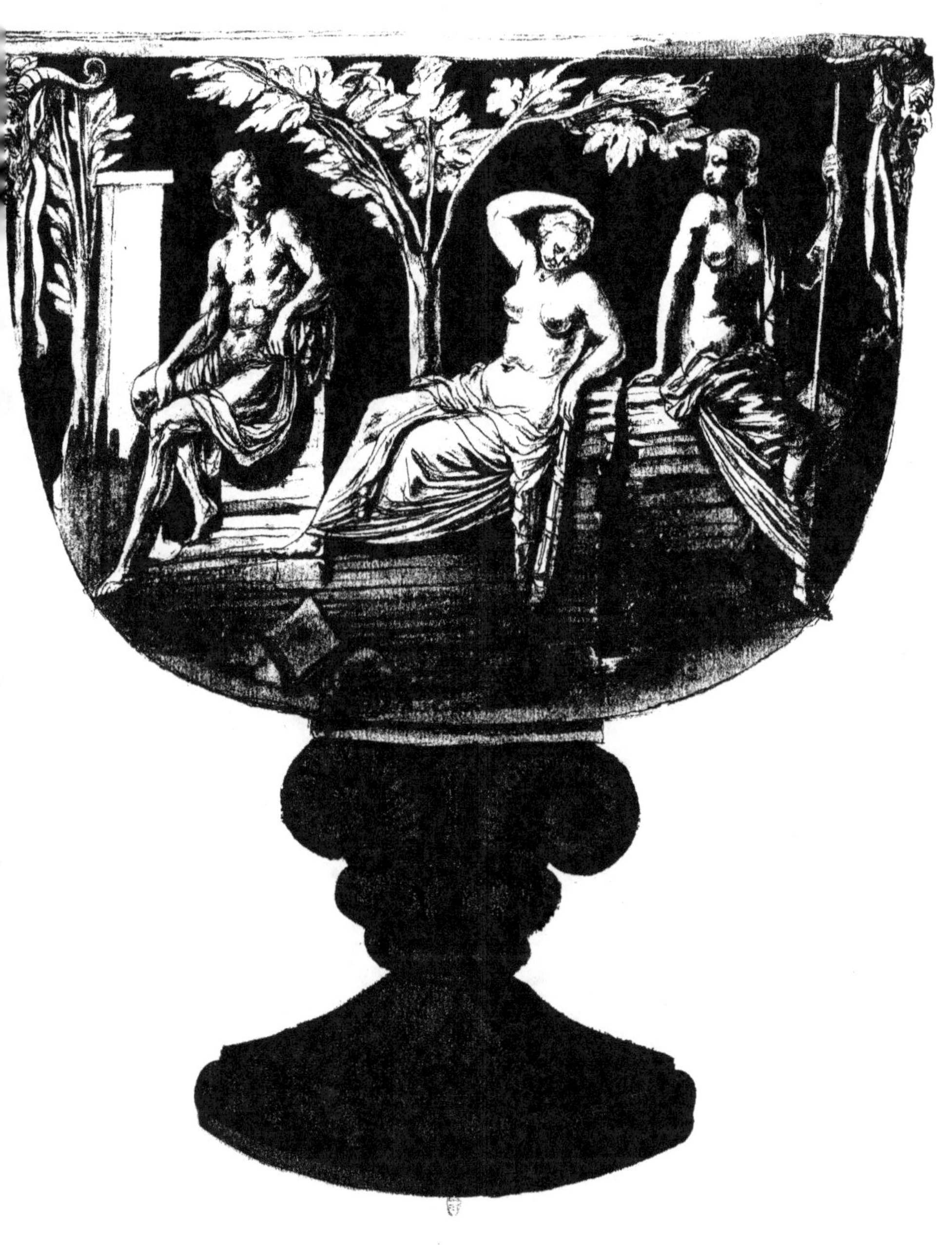

Pl. XVII

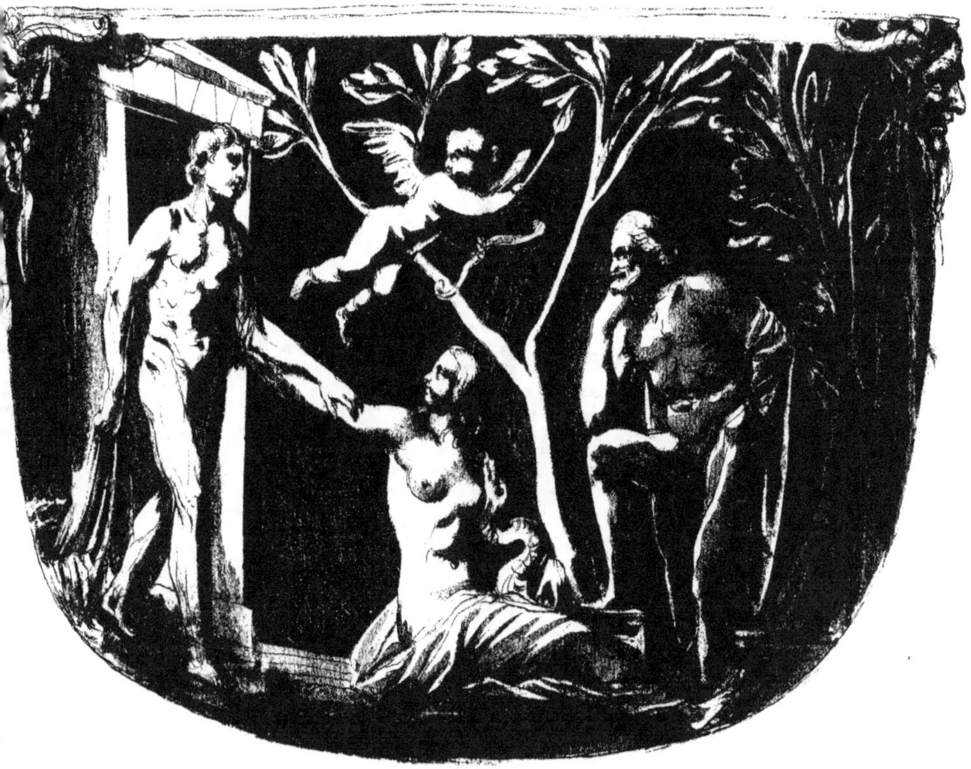

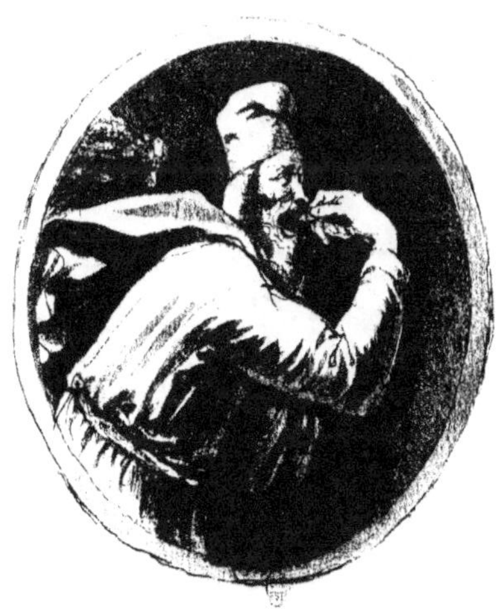

Pl. XVIII

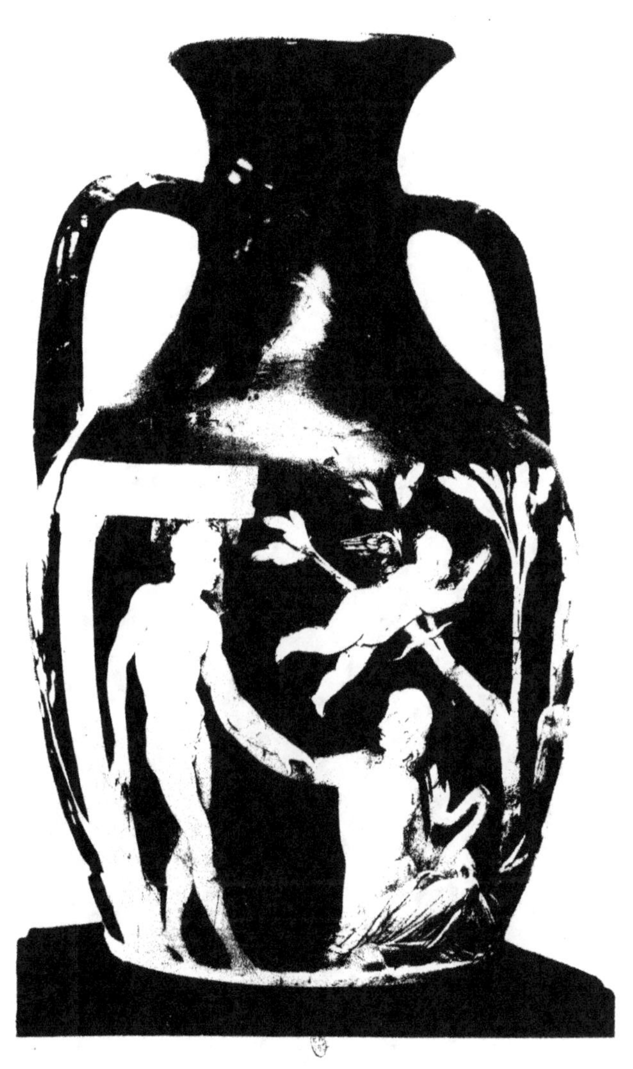

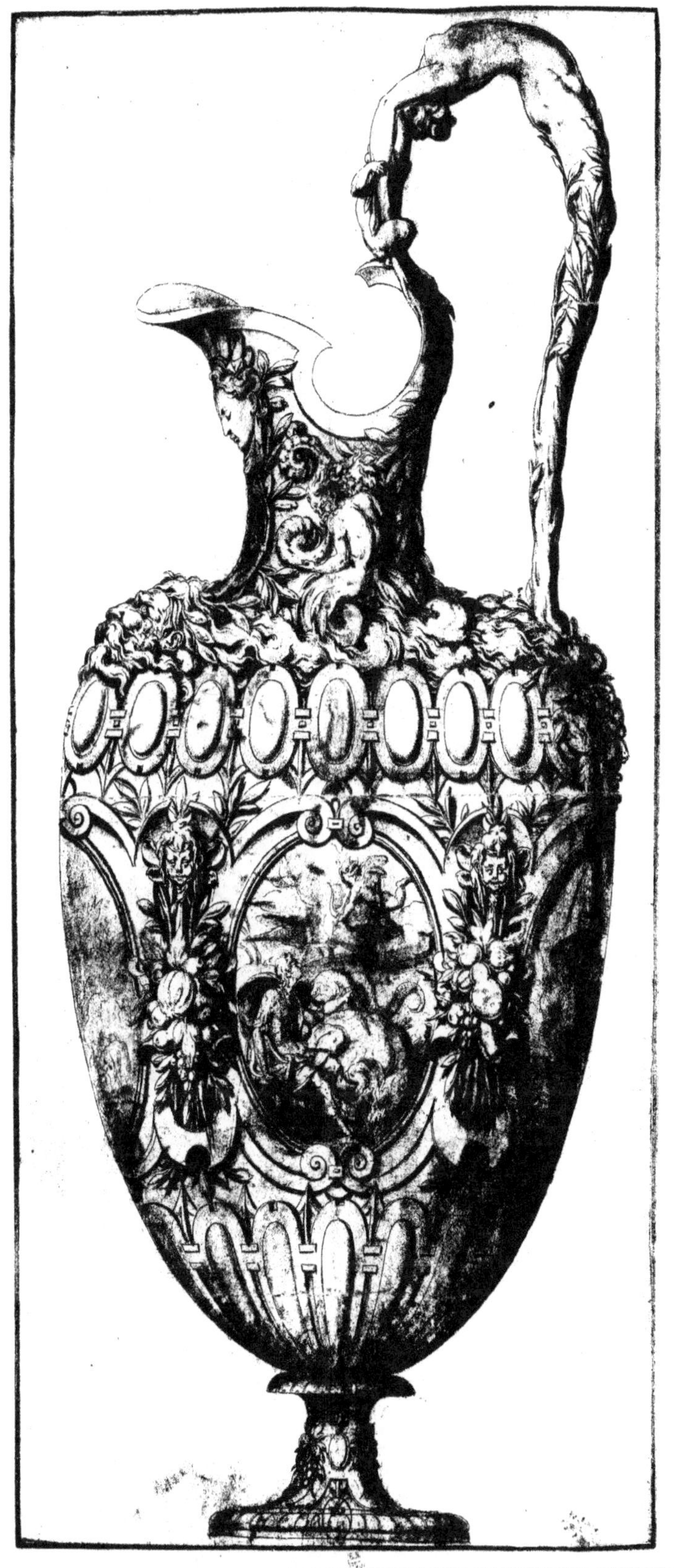

Pl. XX

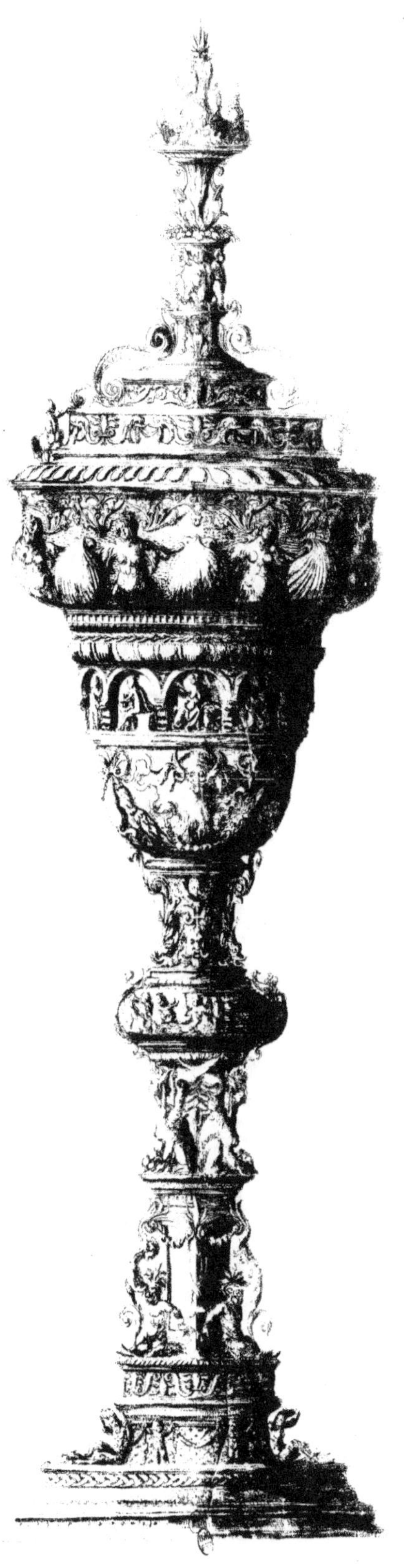

Pl. XXI

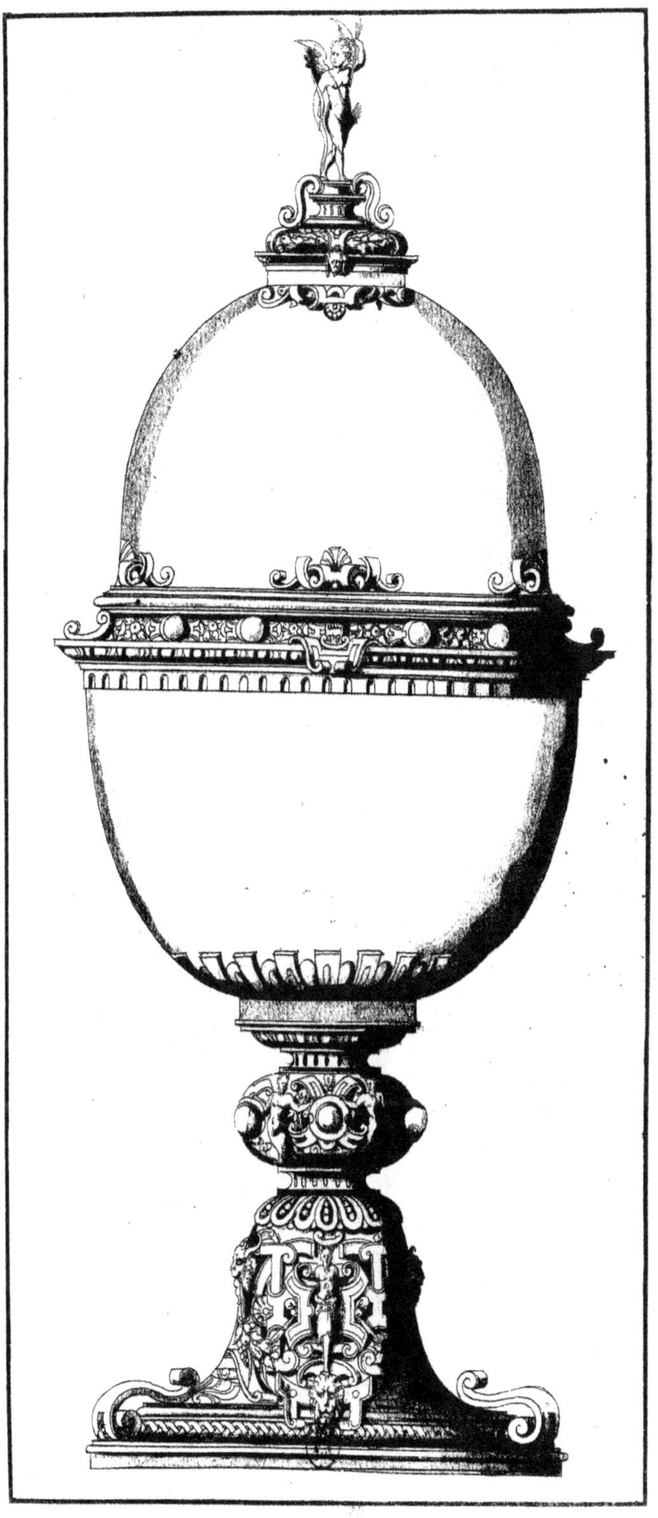

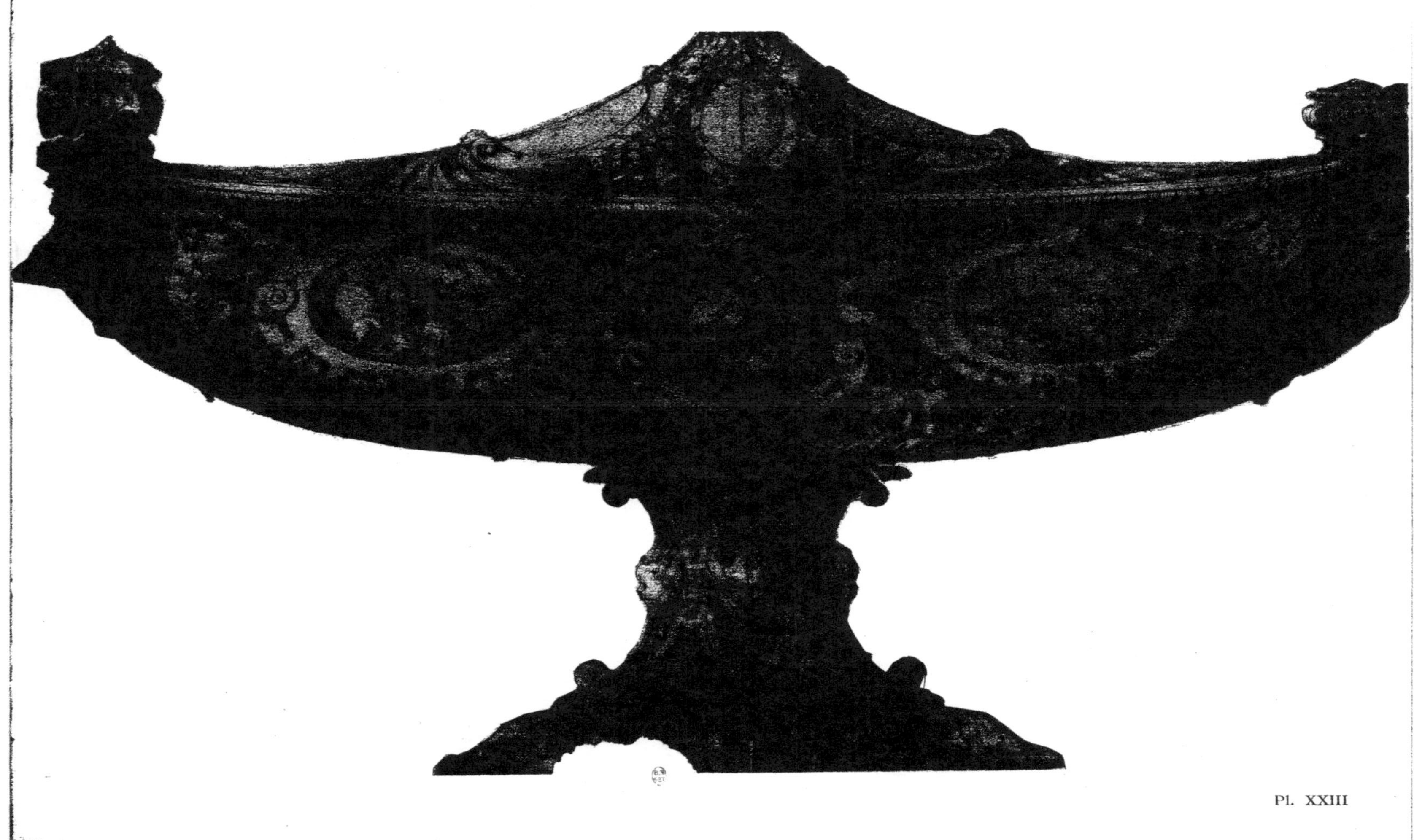

Pl. XXIII

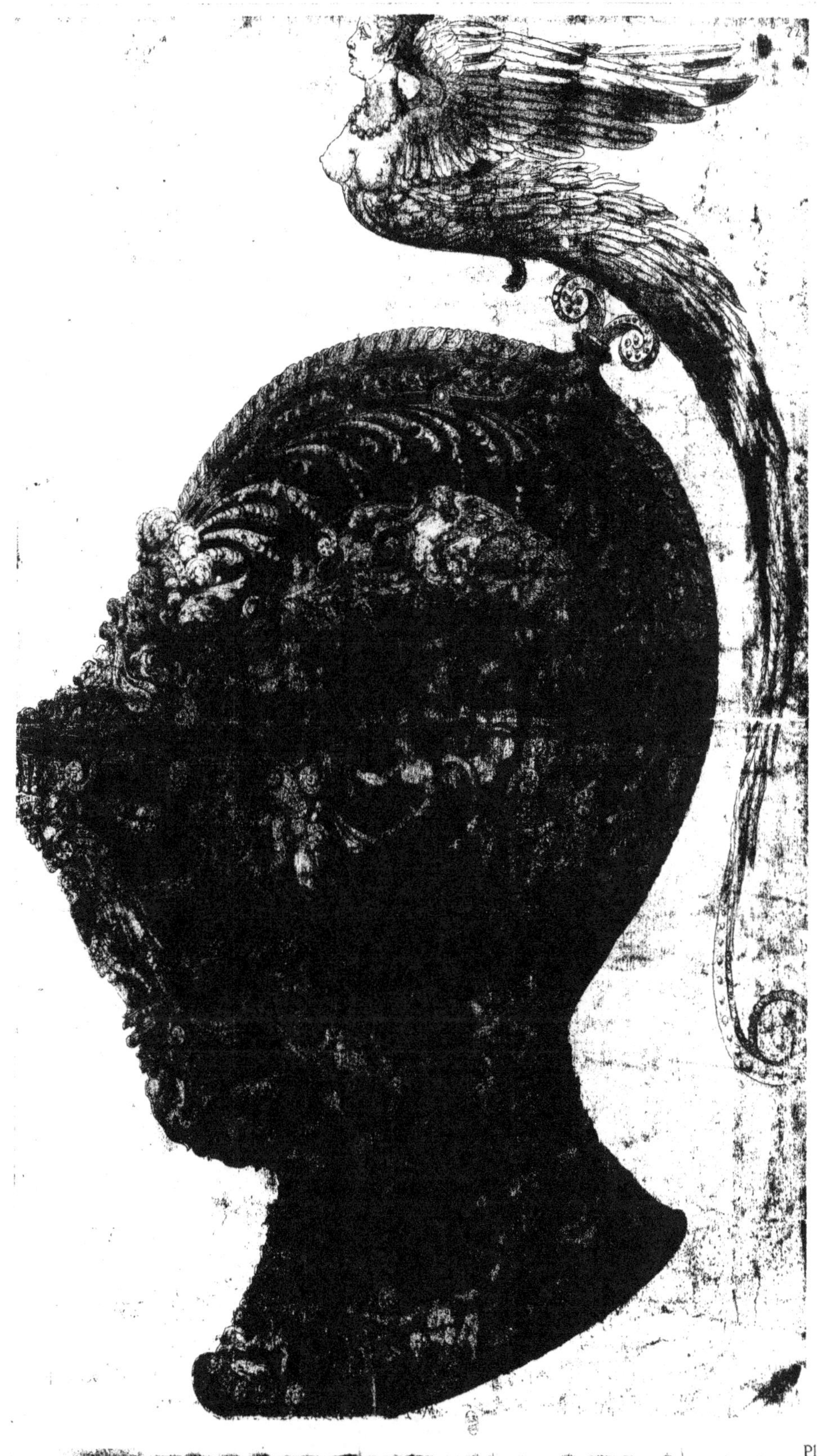

Pl. XXIV